思考を鍛える
レポート・論文作成法

Developing Critical Thinking to Write Papers

井下千以子

慶應義塾大学出版会

はじめに

　本書の目的は、レポート・論文の基本的な書き方をマスターできるよう、**考えるプロセスを支援する**ことにあります。よりよいレポート・論文を作成するためには**書くことと考えることの往復運動**が大切です。

　レポートを書くのは初めてという人は、最初は「大変そう、難しそう」と感じるかもしれません。でも、大丈夫です！　ポイントをつかみ、ルールを理解すれば、誰でも書けるようになります。

　なお、本書は、次のような読者を対象としています。

> ● レポートを書くのは初めてという高校生、大学生
> ● 卒業論文や修士論文を書こうとしている大学生、大学院生
> ● 通信教育やビジネス・スクールで学んでいる社会人学生
> ● 職場で論理的説明が求められるビジネス・パーソン
> ● 看護・医療・介護・福祉に従事する現職者

　さらに、次のような要望を持つ読者に向けて、どこをどう読んだらよいのか、**効果的な活用法**を提案しています。

> ● 初めてレポートを書くのでどうすればよいかわからない
> ● 提出日が迫っていて焦っている
> ● 書き方を体系的に勉強したいと思っている
> ● コピペでない、引用の正しい方法を学びたい
> ● 事実と判断を峻別し、根拠に基づく伝わる文章を書きたい

　自分の考えを自分の言葉で表現できたとき、レポートや論文をまだ足りないと思いながらも書き終えたときには、達成感だけでなく、自分が少し前に踏み出せたような喜びも感じることができます。

　自分の考えを明確に伝える力は、大学だけでなく、仕事の場においても、とても重要です。本書が、みなさんの思考を鍛えていくための一助となることを心から願っています。

Contents

はじめに………………………………………………………………… 1

本書の使い方…………………………………………………………… 4

第1章　レポート・論文を書く前に ………………………………… 7
　1　レポートとは何か、論文とは何か ……………………………… 8
　2　まずは段取り、ゴールまで見通す …………………………… 10
　3　書くことで思考が深まる ……………………………………… 12
　4　よりよく書くためのメタ認知 ………………………………… 14

第2章　説得力のあるレポート・論文を書くために ……………… 15
　1　思考を論理的に組み立てる …………………………………… 16
　2　問いを立て、証拠を示す ……………………………………… 17
　3　批判的に検討する ……………………………………………… 18
　4　読む力を鍛える3ステップ …………………………………… 22
　　ステップ1　情報を効率的に点検する「概略的読み」……… 25
　　ステップ2　論理の組み立て方を理解する「構造的読み」… 26
　　ステップ3　議論を組み立てる「批判的読み」……………… 29
　5　引用を的確に示す ……………………………………………… 31

第3章　レポートを書く ……………………………………………… 39
　1　レポートの型を見極める ……………………………………… 40
　2　レポートのイメージをつかむ ………………………………… 42
　3　レポート作成の5ステップ …………………………………… 43
　　ステップ1　論点を見出す ……………………………………… 43
　　ステップ2　調べる：流動性で速報性のある情報を収集する 49
　　ステップ3　組み立てる ………………………………………… 58
　　ステップ4　執筆する …………………………………………… 64
　　ステップ5　点検する …………………………………………… 70

第4章　論文を書く …………………………………………………… 73
　1　論文を書く前の心構え ………………………………………… 74
　2　卒業論文、修士論文に取り組む意味 ………………………… 75

2

3　論文の型と研究方法 …………………………………………… 76

　　4　論文作成の5ステップ ………………………………………… 79

　　　ステップ1　テーマを決める ………………………………… 79

　　　ステップ2　調べる：体系的で信憑性のある情報を収集する　83

　　　ステップ3　組み立てる ……………………………………… 85

　　　ステップ4　執筆する ………………………………………… 91

　　　ステップ5　点検する ………………………………………… 97

　　5　調査や実験を実施する際の「研究倫理」について ………… 98

第5章　レポート・論文の作法を学ぶ ………………………………… 99

　　1　題名のつけ方 …………………………………………………100

　　2　定義の仕方 ……………………………………………………101

　　3　引用の示し方、文献リストの書き方 ………………………104

　　4　パラグラフの書き方 …………………………………………113

　　5　事実と意見を区別する—記録物・報告書でも重要 ………118

　　6　わかりやすい文章を書くために ……………………………120

第6章　プレゼンテーションを成功させる …………………………125

　　1　プレゼンテーションのポイント ……………………………126

　　2　パワーポイントの作成 ………………………………………130

　　3　レジュメの作成 ………………………………………………131

付録1　論証型レポートの見本レポート ……………………………134

　　2　文献研究による仮説論証型論文の見本レポート …………138

　　3　実証研究による仮説検証型論文の見本レポート …………147

　　4　自己点検評価シート、ルーブリックについて ……………153

　　5　参考となる文献の紹介 ………………………………………162

　　6　図表一覧 ………………………………………………………165

索引………………………………………………………………………166

あとがき…………………………………………………………………169

3

本書の使い方

本書の特徴

初めての人もフォーマット
を用いスラスラ書ける！

レポート・論文作成を通して、本物の「書く力」「考える力」をつけることが、この本、1冊でできます。

● フォーマットには、思考の道筋が埋め込まれています
● 何を、どう検索したらよいか、引用したらよいかがわかります
● 見本レポート・論文を参考に、自力で書くことができます
● 索引を活用し、〈辞書〉のように使えば、論理的な思考法を身につけ、本格的なレポートや論文を書くことができます
● 図解や自己点検評価シートを使うと、ポイントが素早く理解できます
● 携帯やスマホなど身近な話題を用いてわかりやすく解説しています

執筆する前の準備

　レポートや論文は、パソコンに向かっていきなり書き出せるものではありません。初めて書くという人や提出日が迫っている人は、まず、本書で提案している**フォーマット（pp.68〜69、87、95）**を使って、自分の頭の中に、思考の道筋を作ることからはじめてみましょう。時間に余裕のある人は、何本か論文を調べ、ざっと目を通してみてください。定型的な表現があることがわかります。そうすると、自分で文脈に合わせて表現を選んで使えるようになります。

　作成に取りかかる前に、次の2つのことを必ずやってみましょう。

ステップ0
作成前に

型を見極める：自分が書こうとしているレポート・論文は、どの型か、図解（pp.40〜41、79〜80）を使って見極めてください

イメージをつかむ：見本レポート・論文（pp.134〜152）を見てイメージをつかんでください。「なるほど、こう書くのか」「文字数はこれくらいか」など、分量の目安、題名や見出し、引用の仕方、論理を示す接続表現に注目してください

4

レポート・論文作成の5ステップ

　次の5つのステップを行きつ戻りつ、**書くことと考えることの往復運動**を繰り返しながら、よりよいレポート・論文をめざしましょう。

- 素朴な疑問を大切に、**資料を徹底して調べ、テーマが決定するまで、広げては絞り込む往復運動を繰り返す**
- レポート課題で、テーマが提示されている場合は、テーマに関する**キーワードを使って、思考を整理し**、論点を絞り込み、下調べに入る

- **下　調　べ**：テーマに関する概略的知識を得ることを目的とし、検索エンジンや事典などで調べる
- **文献検索**：図書館で蔵書検索（OPAC）やデータベースによる検索（図5、表5：p.50〜51）を行い、資料を収集する
- **文献入手**：資料を読み込み、芋づる式検索などにより、さらに情報を収集する

- 論点を定め構造を組み立てるため、**主題文を書く**
- 問いを立てる、アウトラインを作成する
- 仮の題名をつける

- **初心者**：フォーマットを用い、見本レポート・論文を参考に執筆する
- **経験者**：アウトラインをもとに執筆する
- キーワードとの整合性を考え、題名を決定する

- **自分で**：自己点検評価シート（ルーブリック、付録5：pp.153〜161）でチェックする
- **授業で**：見開きシートをA3用紙に拡大コピーし、ペアやグループで点検し、互いに学びあう

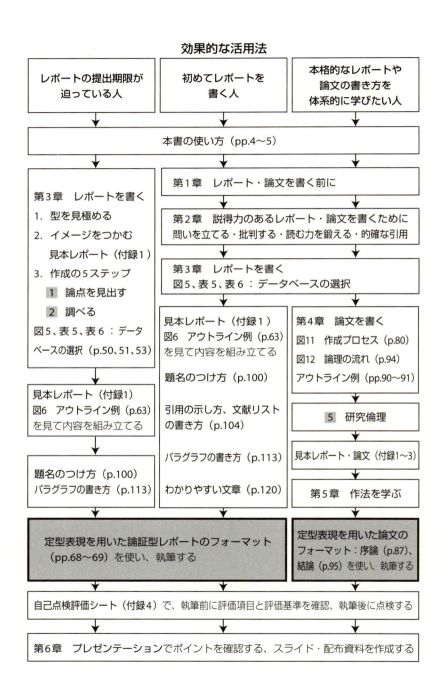

第 1 章

レポート・論文を書く前に

1 レポートとは何か、論文とは何か……… 8
　作文とは違う！………………………… 8
　レポートと論文を区別する…………… 9
　ルールを学べば、書ける………………10

2 まずは段取り、ゴールまで見通す………10
　お料理と似ている………………………11
　「見通し」と「見切り」をつける ……11

3 書くことで思考が深まる…………………12
　悩み、苦労して書く経験は貴重………12
　日本語で思考を鍛える…………………13

4 よりよく書くためのメタ認知……………14

1 レポートとは何か、論文とは何か

試験じゃなくて、レポートだって！
いきなり4000字、自分で書ける？
何から始めればいいんだろう。

コピペするとわかっちゃうんだって。
文献を**引用**するってどうやるの？
なんか、すごく大変そう……

まずは、レポート・論文をなぜ
書くのかを理解し、書き方の
ルールを学びましょう！

　レポートや論文には、決まった書き方があります。書き方のルールを学び、書く意味を理解できれば、「なんだ、そうだったのか。私にもできそう。やってみよう」という気持ちになります。
　まずはレポートや論文が、作文とはどのように違うのかを、正確に理解することから始めましょう。

作文とは違う！

　レポートや論文は、作文とは何が違うのでしょうか。
　作文は、自分が思うがまま、感じたままに、特別な裏づけがなく書いても問題にはなりません。
　一方、レポートや論文では、自分の主張を裏づける信頼性のある証拠が求められます。したがって、レポートや論文を書くためには、下準備

が必要です。講義ノートや課題図書を「読む」、内容を「理解する」、文献や資料を「調べる」ことなど、書き出す前の準備が必要です。

レポートと論文を区別する

　それでは、レポートと論文は何が違うのでしょうか。

　表1は、作文・レポート・論文の違いを一覧にしたものです。

　レポートと論文に共通することは、文献を調べ、自分の意見を述べることです。大きな違いは、論文では、レポートよりも、オリジナル（独創的）な内容が期待されます。すでにある研究（先行研究）をしっかり調べ、何をテーマとするのか、問いを立て、問題を様々な観点から検討して論証（実証）し、新たな見解を提示できなければ、論文ではないということになります。

表1　作文・レポート・論文の違い

	作文	レポート	論文
感想・意見	◯	◯	✕
調べる・証拠	△	◯	◯
独自性	✕	△	◯

　以下の内容は、レポートと論文は明確に区別すべきだとする見解です。

　東京大学大学院教育学研究科学務委員会は、不正行為に伴う博士学位授与取り消しという事態を受け、『信頼される論文を書くために』（2023）というマニュアルを作成しています。下記はその部分の引用です。

　　論文とレポートは区別すべきです。レポートは、自分なりの視点から、すでにある文献（研究）の内容を要約し、それに自分の意見や感想を追記することでも成り立ちます。これに対し、論文は、すでにある文献（研究）よりも新しく、しかも、妥当性のある議論を論理的・実証的に展開したものです。たとえば、新しく、しかも妥当な説明や解釈や、新しい事実の発見を、明晰に論じた言説です。

ルールを学べば、書ける

じゃあ、無理！ 私には、論文なんてとても難しくて書けそうにない……

最初から論文は無理でも、レポートであれば書けます。

　文献を調べて自分の意見を述べることや、文献の内容をまとめ、報告することもレポートです。レポートや論文の構造、議論の展開法を学べば、自分の言いたいことを、説得力を持って書けるようになります。重要なことは、自分の意見の根拠（信頼性のある情報や実証できる事実）を示し、他者の意見と区別して、主張を明確に述べることです。
　このテキストで書き方のルールを学べば、それができるようになります。

2
まずは段取り、ゴールまで見通す

だけど、レポートの提出期限は迫っている。まとめられるだろうか……

大丈夫です！まずは、段取り！
書くための「段取り」を整えてください。

お料理と似ている

私は、論文を書くことはお料理と似ていると思っています。

まず、仕事帰りの電車の中で、家に帰ったら何から取りかかるか、頭の中でシミュレーションします。メニューは、仕事や家族のスケジュールに合わせ、おおよそを決めておき、材料は1週間に1度まとめて買っておきます。材料がないとわかれば、冷蔵庫にある材料で作れるメニューに変更することもあります。家族から「夕飯は外です！」とメールがきたり、仕事で帰りが遅くなった場合には、メニューは即座に変更します。おいしく、栄養のバランスが取れ、かつ早く作れる、この3原則をもとに、頭の中で「段取り」が整っていれば、炊飯器を早炊きコースに合わせ、最短20分でお夕飯ができあがります。

お料理に一工夫することも毎日を楽しむコツです。きょうはイタリアン、明日は和風などバリエーションをつけることや、季節に合ったお皿選びや盛りつけなどで、グッとできばえが違ってきます。

レポートや論文を書くときも、いざ書こうと思ってもよい資料が見つからないとか、今の私にはテーマが大きすぎて、到底無理と気づいたら、思い切ってテーマを見直すとか、絞り込みをするとか、もう1度、内容（材料）を吟味することで、説得力のあるレポートや論文へと、質はグッとアップします。

お料理と似ていると思いませんか？

相手を思い浮かべて書く（作る）ことも共通していると、私は思っています。

「見通し」と「見切り」をつける

レポートには、提出期限と、字数の制限があります。課題の要求は科目や専門分野によって異なります。

したがって、できあがりまでの「見通し」を持つことが大切です。また、今回のレポートはここまでと「見切り」をつけ、気持ちを切り替えることも大切です。

大学生活では部活やアルバイトをしているとか、社会人学生であれば、

仕事や家庭の都合などによって、思うように時間が取れない場合も多いでしょう。予想外のことも想定し、臨機応変に考えましょう。焦らず、今手元にある材料で何ができるか、焦点を絞り、何から始めればいいのか、今回のレポートでは何が求められているのか、課題の内容をもう1度確認してください。

卒業論文や、修士論文、博士論文も同じです。見通しを持つことで、遠く感じているゴールを自分の手元にグッと引き寄せることができます。

見通しには、短期と長期の両方が必要です。今回はここまで。次回は、もう少し早くから取りかかろうと、いったん見切りをつけ、気持ちを切り換えて考えましょう。目の前にある、取りあえずやらなければいけないことは、短期的な見通しを立て、段取りを整え、乗り切る。今、できるところまでやる。

それから、目標を持ち、長期的な見通しを立てることも大切です。その上で、段階を踏みながら、無理のない短期的な見通しを立てていきましょう。そうすると、これからもやっていけそう、学ぶことが楽しいと思えるようになります。

あわてず、あきらめず、手際よくポイントを押さえた学習をしましょう。

3

書くことで思考が深まる

悩み、苦労して書く経験は貴重

考えることで書く内容が整理され、書くことを通して思考はさらに深まります。自分は何を主張したいのか。主張の根拠とする裏づけはあるか。論理の流れは明確か。書いては直し、また書いては直す。行きつ戻りつの往復運動を繰り返す。この往復運動が、書く力に磨きをかけ、思考を鍛えます。

全体像を俯瞰しつつ、細部の言葉選びまで、何度も行ったり来たりし

て書き直すことで、論理的整合性のある、筋の通った、説得力のあるレポートや論文が書けるようになります（図1）。

優れたレポートや論文は主張が極めて明瞭です。完成度の高いレポートや論文を目指すことは、決して楽なことではありません。しかし、ああでもない、こうでもないと考えながら、悩み苦労して書くことはとても貴重な経験です。1つのテーマを徹底して調べ、それを文章化するということは、社会人になってからは特別な職業を除いては得難い経験です。

悩み、何度も直し、自分の考えを自分の言葉できっちりと表現して、書き終えることができたら、大きな達成感が得られるだけでなく、自分が少し前に踏み出せたような喜びと思考の深まりを感じることができるでしょう。

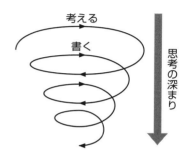

図1　書くことと考えることのサイクル

日本語で思考を鍛える

学生時代に筋道立てて書くという経験は、とても大切です。悩みながら書いたという経験は、自分の財産だと社会人になってから気づくはずです。

現代社会は、グローバル化の急速な進展、産業構造の転換、世界的不況など、多くの困難な問題を抱えています。厳しさを増す国際情勢に対応していくには、英語が話せる、挨拶ができるレベルを超えて、自分の主張を、説得力を持って伝えていかなければなりません。

そのためには、まずは思考する道具としての言語、すなわち母語である日本語で、自分の考えを明確に伝える力を鍛えていくことが必要です。「自分は何を主張したいのか」「なぜ、……が必要なのか」など、相手が持っている知識や情報、要求を想定して考え、根拠となる信頼性のあるデータや事例を示しながら説得的に述べる力こそ、グローバル人材に求められるコミュニケーション力だと言えるでしょう。

4 よりよく書くためのメタ認知

　書くということは、自分が言いたいこと、自分の頭の中にあることを整理して自分の言葉で表現し、書き出したことを客観的に眺めて、自分が思考したことを問い直す行為です。自分の書き出した文章を、もう1人の自分が高い位置から、「これでよいのか」とモニタリング（点検）します。「これじゃ、ダメ、ここを直そう」とか「よし、これで行こう」というように内容をコントロール（調整）します。

　こうした頭の働きを心理学では、「メタ認知」と言います（図2）。メタとは、「より高次の」という意味があります。すなわち、自分の認知を認知することがメタ認知です。メタ認知は、メタ認知的活動とメタ認知的知識に分類されます。**自分の頭の働きを、もう1人の自分が俯瞰し、点検、調整する活動がメタ認知的活動です。**

　よりよい文章を書くということを目的として、メタ認知的活動を行うためには、テーマに関する知識や文法の知識、読み手が持っている知識など、メタ認知的知識が必要です。

　コントロールとモニタリングを繰り返すことで、自分の書きたいことが明らかになり、思考を深め、鍛えることができます。

図2　よりよく書くためのメタ認知

第 2 章

説得力のあるレポート・論文を書くために

1　思考を論理的に組み立てる……………………16

2　問いを立て、証拠を示す……………………17

3　批判的に検討する……………………………18
　　批判的な視点を持つ………………………18
　　一方的な意見ではダメ……………………19
　　意見の根拠や判断基準を示す……………20

4　読む力を鍛える 3 ステップ　……………22
　ステップ1　情報を効率的に点検する
　　　　　　「概略的読み」………………25
　ステップ2　論理の組み立て方を理解する
　　　　　　「構造的読み」………………26
　ステップ3　議論を組み立てる
　　　　　　「批判的読み」………………29

5　引用を的確に示す
　　なぜ引用する必要があるのか……………31
　　コピペはドロボウ！＝剽窃　……………32
　　どこをどう引用すればよいの？…………33
　　論文の型による引用法の違い……………35
　　先行研究を誠実に引用しよう……………36

1 思考を論理的に組み立てる

　大学の学習でも仕事の場でも最も大切なことは、自分の頭で考える、思考を論理的に組み立てる力をつけることにあります。

　現代は便利なツールがたくさんあります。インターネットで調べて、コピペ（コピー＆ペースト）すれば、自分で考えなくとも、それなりのレポートができてしまいます。しかし、コピペしたレポートは、つぎはぎで、ぎこちなく、読み手を説得することも、自分で考える力をつけることもできません。自分の頭で考え、知識を順序立てて論理的に組み立て直すことで、説得力を持って語り、読み手に「なるほど、そういうことか」と納得させることができるのです。

　調べたことをまとめることを要求するレポート課題もあります。そうした課題でも、憶えたことや調べたことを書き連ねるだけでなく、知識を筋道立てて**論理的に考えて書く訓練**が必要です。

　論述試験でも、講義ノートやテキストの内容を「知っている」「憶えている」だけであれば、知識の羅列としか評価されないでしょう。もちろん、基礎知識をしっかりと憶えることも大切な学習ですが、知識を論理的に組み立てる訓練を行うことによって、評価者（先生）や読み手に伝わる文章が書けるようになります。

　自分の意見を、説得力を持って主張するためには、主張を裏づける証拠をあげ、知識を組み立て直すこと、すなわち、調べたことや授業で学んだことを「**自分にとって意味があるように知識を再構造化する力**」[1]が必要です。調べたことをそのままコピペしたのでは、書き手の考えは伝わりません。自分は何を主張したいかを考え、思考を論理的に組み立てることで、自分にとって価値のある、かつ読み手を納得させ、説得力のあるレポートや論文が書けるようになるのです。

---

1) 井下千以子（2008）『大学における書く力考える力——認知心理学の知見をもとに』東信堂.

2

問いを立て、証拠を示す

　「問うて、学ぶこと」は、学問の原型です。「なぜ」「どうして」とい
う問いを立て、調べ、その問題を解決していくことは、レポート・論文
の基本です。

　先生から与えられたレポート課題でも、主体的に問いを立てる姿勢は
必要です。なぜなら、自分が関心を持っている問題であれば、説得力を
持って語ることができるからです。そうした姿勢で取り組めば、自分に
とって意義のある問いとなります。さらに、しっかりと現実を見つめ、
文献を丹念に調べ、しっかりと読み込み、導き出された問いは、理論的
に意義があるだけでなく、実践の場においても意義のある、説得的で、
よい問いだと言えるでしょう。

　問いを立て、その問いを解決するために、証拠となる情報を収集し、
自分の主張を明らかにする。この問題解決プロセスに、学問を学ぶ意義
があります。大学でレポートや論文を書く意味は、この思考プロセスを
学ぶことにほかなりません。

　ある問題を解決しようとする場合は「客観的情報としての知識」より
も「主観的経験を通した知識」が重要です。「自分の経験を通して身に
ついた知識でなければ、自分にとっての問題解決のためには役立たない
し、そこから新しい知識は得られない」[2] からです。それでは、どのよ
うな知識を身につけていけばよいのでしょうか。

　前者の「客観的情報としての知識」とは、大学での講義や書物などを
通し、情報として学習者にそのままインプットされた受け売りの知識を
指します。学習者の判断が加わらない状態での知識でもあります。「知っ
ている」「憶えている」という浅い学習に留まります。

　一方、後者の「主観的経験を通した知識」は学習者が主体的に身につ

2）安西祐一郎（1985）『問題解決の心理学』中公新書.

けた知識と言えます。学習者自身が「なぜ」「どうして」という問いを発し、その問いを明らかにしようと、ある目標を持ったとき、また自分の関心や経験と照らし合わせようとしたとき、客観的情報としての知識は吟味され、その知識は学習者にとって意味のある知識、学習者が主体的な経験を通して獲得した知識となります。

<u>ある目標やテーマに向かい、問いを立て、証拠を示して主張を述べるプロセスは一種の**問題解決行動**であり、読み手に新たな気づきをもたらす説得的な行為であると言えるでしょう。</u>

3 批判的に検討する

批判的な視点を持つ

　自分の主張を明確に示すためには、自分の主張を批判的に検討することと、自分とは異なる意見を批判的に検討することが必要です。

　と言っても、初めてレポートを書く人に、全く知らない学問の「○○理論を批判的に検討せよ」という課題はとても難しく感じるでしょう。

自分の感想じゃだめなの？
批判するなんて人の悪口を言うみたいで、私にはできない……

ほかの人を批判するなんて、とんでもない。気がついても、わかっていても、知らないふりをする。そのほうが無難。議論を吹っ掛けるより、黙っている。お互い、傷つかない。

確かに「批判する」という言葉には、他者の欠点を指摘する、あら探しをする、酷評するという否定的な意味もあります。批判することに、違和感を覚える人も少なからずいるでしょう。お茶を濁し、責めをのがれ穏便に解決することを良かれとする日本的風土では、徹底して議論することを避ける傾向があるように思います。

しかし、アカデミックなレポートや論文において、批判することは、他者のあら探しではなく、根拠に基づいて問題を指摘する、問題を提起する、建設的に問題を検討するという意味で使われています。批判的に検討することで、新たな解釈や事実が明らかとなり、学問は進歩します。

<u>すなわち、批判することがなければ、アカデミックなレポートや論文とは言えないのです。</u>

一方的な意見ではダメ

まずは、身近な話題から、批判的な視点を持ち、議論する訓練を始めましょう。高校1年生の女の子が、「高校生の制服自由化」について意見を述べました。

高校生になったんだから、自分の服装は自分で決める。自由化するっていうことでいいと思います。

そこへ、つっこみが入りました。

でも、高校生になるって、中学生とどこがどう違うの？　**基準**は何？
高校生になると、なぜ、自分で決めなきゃならないの？　その**根拠**は何？
どこまで自由なの？　自由であれば、制服で学校に行く自由もあり？　**具体例**を示して！
自由化の**メリット**は？　**デメリット**は？
制服の方がかわいくない？　他の生徒はどう思ってるのかな？

意見を述べるにあたっては、こうした質問に応じ、議論できることが必要です。同じ高校生であっても、男子と女子、公立と私立、学校の校風、家庭環境も異なるでしょう。様々な意見があって、当然です。そうした多様な背景や意見を考慮せずに、独断で一方的に自分の意見を述べていたのでは、主張は明確になりません。説得力も信憑性もありません。

意見の根拠や判断基準を示す

　批判的な視点を持ち、説得的に主張を述べるためのポイントは、次の2点にまとめることができます。

- 自分の主張の妥当性を、これまでの議論に位置づけて吟味し、信頼性のある根拠を裏づけとして論証・実証すること。
- 自分の主張と異なる意見について、どこがどう違うか判断基準を示して、自分の主張の妥当性を論証・実証すること。

それでは、具体的にはどうしたらよいのでしょうか。
「高校生の制服」についての大学生の会話を例に考えてみましょう[3]。

最近、高校生の間で「なんちゃって制服」って言って、ほかの学校の制服を買って着るのが流行ってるんだってさ。でも、ほかの学校の制服、わざわざ買ってまで着たいかなあ。男にはわかんないよ。

そうなんだぁ。私の高校では、制服はあったけど、自由な服装で行ってもよかった。でも、私は制服のスカートが好きだったから、セーターを替えたりして着ていた。**自由って言っても、結構、節度はあったと思う。**

---
3) 小澤昌之（2010）「青少年の学校制服に関する意識――大学生を対象とした質問紙調査をもとに」『慶應義塾大学社会学研究科紀要』第69号、pp.35-49 を参考に作成した。

昔は、制服＝管理という考え方があったかもしれないけど、僕の高校は、独立自尊の校風だったから、だいぶ前に**制服は廃止になった**んだ。だけど、結局、制服っぽい服装をしてるヤツが多かったよ。僕自身も、制服のほうが面倒でなくていいと思ってた。毎日、同じってわけにもいかないし。

今の高校生は、制服廃止と主張するより、**どう制服を着こなすかに関心がある**んじゃない？　制服で、自己表現してるっていうかぁ。特に、女の子の間では制服をおしゃれに着こなすことが**ファッション**になっている。もちろん制服着てかっこつけている男の子もいるしね。

でもさぁ、スカートが短すぎるのもどうかなって思うこともあるよ。それと、こんな時間の繁華街になんで制服の高校生がいるんだろうと思うこともある。今は昔と違って、**制服が生徒の行動を管理するとか、規制することにはなっていない**と思う。

私は、**高校で制服を指定することは必要**だと思う。式典で全員が着用すると、この学校の生徒なんだという**意識が強くなる**気がする。ある程度、自由意思を認めて、**普段はそれぞれのセンスで選択**して着ることができる高校が増えていると思う。だから、「制服の自由化を！」と主張しなくてもいいんじゃない？

　こうした会話から、制服＝管理という図式は崩れ、制服をおしゃれに着こなすことへの関心の高まりや、自校への帰属意識の問題など、制服着用に関する意識が時代と共に変遷していることがわかります。

　説得的に意見を主張するには、まず、信頼できる情報を調べたうえで、自分の意見の根拠となる判断基準や評価基準を明確に示し、何を批判し、何を主張するのか、これまでの議論に位置づけて、主張する内容と主張を裏づける根拠を慎重に吟味することが大切です。

4

読む力を鍛える3ステップ

　よりよいレポート・論文を書くには、資料を網羅的に調べ、徹底して読み込み、説得力のある根拠を見出すことが必要です。読みには娯楽のための読みや生きることを学ぶ読みがあります。一方、知識や情報を得るための読みや理解のための読みもあります。

　優れたレポートや論文は、テーマに関連する本や論文を広く深く読み、理解し、それらを分析することによって生み出されたものです。

　本章では、**レポートや論文を書くことを目指し、論理的かつ批判的に考えて読む力を鍛えるため、段階を踏んで学んでいきます。**

論理的に考えて読む

　では、論理的に考えて読むとはどういうことでしょうか。まず、方法論の前に「**論理**」とは何か、考えてみましょう。日常生活でも「あっ、わかった」とか「なるほど、そうか」と思うことはよくあることです。しかし、何がどうわかったかを数学の論証問題を解くように厳密に数式で論理を表すようなことはしません。

　普段、人間は言葉を使って考え、言葉を使って伝えます。**「言葉と言葉の関係、言葉と言葉がどうつながっているのかを明確に示すこと」が論理です** [4]。自分が考えたことを正確によりわかりやすく伝えるためには論理が必要なのです。

　話すときも、話を聞くときも、書くときも、書いたものを読むときも、すなわち伝えるとき、それを受け取るとき、すべてのコミュニケーションにおいて論理は必要な技術です。**伝えたいこととその根拠をつなぐことが論理です。**

　一方で、論理的な文章でなくとも LINE でスタンプを送れば心が通じ

---

[4] 野矢茂樹（2006）『新版論理トレーニング』産業図書.

合うこともあるでしょう。むしろスタンプの方が嬉しい気持ちを共有し、互いにつながっている気分になるかもしれません。それはすでに LINE でのやりとりによって互いの背景や話の流れをわかり合っている、前提が明確であるからこそ成り立つコミュニケーションだと言えるでしょう。

　では、見知らぬ人や不特定多数の人々に、情報を正確にわかりやすく伝えるにはどうしたらよいでしょうか。たとえば、「やば」という略語は、ごちそうを食べたときも、宿題を忘れたときにも使います。おいしいのかまずいのか、大変なことになったと思ったのか、一語だけでは情報を正確に伝えることはできません。

　伝えたい内容について、慎重に言葉を選び抜き、誰でもわかるよう、論理的に構造を組み立てることが大切です。

　論理的に考えて書くためには、論理的に書かれたものを「読むこと」がとてもよい学習になります。主題は何か、主題と結論に整合性はあるか、どのような題名や見出しをつけて構成しているか、文章の論理的なつながりを示す接続表現をいかに用いているかなど、書き手の論理構造を読み解くことに学ぶべき点は多くあります。

読みの練習のための準備

（1）論文は片面印刷して読む

　書き方を学ぶための読む力は「**全体の構造を見通す力**」です。興味のある論文は必ず印刷してください。ダウンロードしてもパソコンの画面で読んでいたのでは全体を見通す力は尽きません。まず内容を分析的に読み込む前に、片面印刷したものを並べ、どう組み立てられているか、全体の構成を見ます。自分の関するテーマだけでなく、様々なテーマや分野の**論文の構造をざっと読む力**をつけることによって、**分野を越えてモデルとなるよい書き方を見出すことができる**ようになります。

（2）価値ある本は購入して読む

　自分にとって価値のある本であれば、図書館で借りた後で自分で購入し、マーカーで線を引いて汚しながら内容を深く読み込む。付箋をつけ

て徹底して読み込む。そうすると、学問の思考法、著者の考え方がしみ込んできます。「全くそうだ」と感じ入るだけでなく、批判的・分析的に読むことで、どこを引用したらよいかなど、レポート・論文の執筆につなげていくことができます。

読む力を鍛える3ステップ

そこで、レポートや論文を書くことを目的とし、読む力を鍛える学習方法として、次の3つのステップを紹介します[5]。

> ステップ1　情報を効率的に点検する「概略的読み」
> ステップ2　内容の組み立て方を分析する「構造的読み」
> ステップ3　議論の組み立て方を理解する「批判的読み」

読む力を鍛えるために重要なことは、論理的に書かれたものを選別して読むことです。では、論理的とは言えない、論理を鍛えるにはあまり適していない読み物とは何でしょう。たとえばファンタジーの世界を楽しむ物語では飛躍に面白さを感じることもあります。最近では名作を漫画にしてヒットしているケースもあります。要点をざっとつかむには手っ取り早いと言えます。何となく内容がわかればいい。時間がないから重要な部分だけ知りたい。ウィキペディアで要約や結論を読めば十分と思うこともあるかもしれません。

しかし、それでは原作者の論理を読み解き、内容を掘り下げ、深く考え、言葉の裏側にある思想を理解するには至らないでしょう。たとえ、時間がない場合でも「論理とは何か」を知っていれば、全体構造を把握し、ざっと目を通して要点をつかむ（スキャニング：scanning）ことができます。また、重要な言葉を掬い取って拾い読み（スキミング：skimming）、自分が手に入れたい情報かどうかを効率的に点検することもできます。そうした読みの準備段階として、概略的読みの方法から学

5）　M.J. アドラー、C.V. ドーレン（1997）『本を読む本』講談社学術文庫を参考とし、レポート・論文を書くための読みの方法として改変した.

習していきましょう。

ステップ1　情報を効率的に点検する「概略的読み」

　できるだけ短時間で、全体の表面を眺めるように素早く読み通します。

＜ポイントは２つ＞

1. わからないところがあっても考え込んで留まらずに自分がわかる範囲内で**素早く読んで概略をつかむ**ことです。
2. 読みながら、自分のテーマに関連するか、しないのか、すぐには判断できないものかを考え、〈**必要**〉〈**不要**〉〈**保留**〉の３つに分類します。読むべき文献を選別していらないものは除く。家の中の整理整頓と同じですね。

＜読むのではなく、点検すべき箇所を効率的に選別しよう＞

1. 最初に〈**題名**〉〈**副題**〉を見ます。レポートや論文であれば、内容の要約のように長い題名がついています。学術書もある程度の長さで内容が明瞭にわかる題名がついています。
2. 全体の構造を知るために〈**目次**〉〈**見出し**〉を見ます。
3. 論文では〈**概要**〉〈**Abstract**〉を、学術書では〈**序文**〉〈**序論**〉を、さっと読んで自分のテーマに関連した内容かを点検します。
4. 論文では〈**キーワード**〉を、学術書では〈**索引**〉を見ると参照ページの箇所が多いほど重要度が高い用語であることや、どのような領域の内容を扱ったものかが一目でわかります。
5. 関心のある章やパラグラフでも、時間を書けずにキーワードなどを拾い読みします。
6. 〈**終章**〉〈**考察**〉〈**結論**〉〈**おわりに**〉は、要点のみを拾い読みします。

　このように、ステップ1で組織的な拾い読みを行い、概略を効率的に素早く点検し選別することによって、次のステップ2での深く読む

ための準備ができます。

ステップ2　論理の組み立て方を理解する「構造的読み」

　ステップ1で読む価値があるとわかったら、ステップ2では時間に制約なく徹底して読み込みます。これだと見定めた本や論文を熟読します。漠然と読むのでなく、内容の構造、すなわち論理の組み立て方に注目し、主体的に考えて積極的に手を動かし書き込みながら読みましょう。

＜書き込みの方法＞
1. 重要な箇所や著者が強調している箇所に線を引きます。
2. 下線では長すぎるときは、パラグラフの頭の空白に✔をつけます。
3. 付箋を貼る、マーカーで色分けをします。
4. 最重要課題だけに※や☆など目立つ印をつけます。強調することが目的ですから濫用しないことが大切です。

＜論文の構造的読み＞
　ここからは、レポートや論文執筆を目的とした読み方を説明します。第4章や巻末の見本レポート・論文と連動させるとよくわかります。

[序論の構造的読み方]
　論文をダウンロードし、**片面印刷**します。序論は論文の設計図のようなもので、全体像を読み取ることができます。優れた論文の序論を分析することによって序論の構成の仕方や表現法を学ぶことができます。
　論文の序論は、〈問題と目的〉〈はじめに〉などの見出しがついています。その箇所を以下の6つの構成要素（詳しくは第4章のpp.86, 87を参照）に分析します。それぞれの構成要素の頭に番号をつけて下線を引きます。下線部が長くなる場合はその範囲を線で囲みます。6つの要素は順番が入れ替わることや6つすべてが揃わない場合もあります。仮説という

用語や「……ではないか」「なぜ……なのか」という問いの表現は用いず、目的などに埋め込んで執筆している場合もあります。目的を述べるまでに詳しい説明を要する論文では、6つの要素を順番通りに用いていない場合も多々あります。

　初心者が学習するには、紀要に掲載されている院生の論文など、論文の基本を押さえながら執筆している論文を選ぶと分析しやすく、論理の流れを明瞭につかむことができます。自分のテーマに近い論文を探すこともよい勉強になりますが、自分のテーマと共通性がない論文であってもまずは基本的なわかりやすい構造の論文を選別して分析するとよいでしょう。

　また、学問として成熟していない分野で新たなテーマに挑戦する場合は、隣接する分野で**学問として確立された学会誌の論文**を選んで分析することによって、論文の基本を学び、基礎力をつけることができます。

＜序論（はじめに）の構成要素＞

① 問題背景とテーマの提示

② 先行研究の紹介

③ 先行研究の批判的検討（問題点の指摘）

④ 問い（仮説）を立てる（③や⑤に含まれる場合もある）

⑤ 研究目的

⑥ 研究方法（研究の予告）

［本論の構造的読み方］

1. 見出しにマーカーで印をつけます。

2. 接続表現（接続詞、指示代名詞）に見出しと異なる色で印をつけます。

3. キーワードは頻出するので、重要な箇所を選別して印をつけ、論理の流れを確認する手立てとしてください。

4. **片面印刷**した論文を並べ、印や見出しを見て、**論理の階層構造**と**接続表現**の使い方を確認し、論理の展開の仕方を学びましょう。

☆ この1～4の方法は本論だけでなく、序論や結論でも試すとよい
でしょう。片面印刷した論文全体を並べ眺めると、何をどこでどれ
くらい書くかという配置や分量の配分、論理の流れがよくわかりま
す。

☆ ここまで学習してみると、論文によってはどこまでが序論で本論か、
本書の分析方法ではうまくいかないこともあります。論文の著者は
自分の主張や根拠を説得的に述べるために上級テクニックを駆使し
て論文を書いています。専門分野や研究方法によっても書き方は異
なり多様ですが、学問に共通する基本を見出し学ぶことは大切です。
苦労しながら分析することによって多様な書き方を広く深く学ぶこ
とができます。

[結論の構造的読み方]

　結論の構成要素（詳しくは第4章のpp.95-97を参照）は以下の4点に
分析することができます。それぞれの構成要素の頭に番号をつけて下線
を引きます。

＜結論（おわりに）の構成要素＞
① 　研究行動の確認
② 　結論の提示
③ 　研究の評価
　　a. 研究の意義（成果をしっかりアピールする）
　　b. 研究の限界（今回の研究ではできなかったこと）
④ 　今後の課題

〈本（書籍）の構造的読み方〉

　ステップ2では主に論文の構造的読みを取り上げ説明しましたが、本
を熟読するときも印や付箋をつけて、行きつ戻りつ繰り返し読み込むこ
とが必要です。目次や索引を使いこなし、要点や構造を把握しましょう。

| ステップ3 | 議論を組み立てる「批判的読み」 |

すでに第2章の3節で批判的に検討することについて解説しました。

ステップ3「批判的読み」の大前提は、本または論文の内容を理解することです。「著者の主張することはわかった。Aには賛成できるが、こういう理由でBには賛成できない」と著者と読者の間で対話や議論が始まります。内容がよくわからないまま何となく、賛成する気持ちになれないというのは感情論にすぎません。著者である相手を批判するには読者である自分に対しても**第三者的思考**[6]で客観的に捉えることが必要です。第三者的思考とは、教員や友だちが読むことを想定することや、執筆後に時間を置いて読み、考え直すことを指します。このようにして、**相手とは異なる意見を明確な根拠を示して主張することが批判です。**

ここでは、学術書や論文を批判的に読む心得と、批判（反対，反論，反駁[7]）する際の留意点を指摘します。

〈批判的読みの心得〉

1. 内容の全体をわからないうちは、賛成も反対（批判）もしないこと。
2. 賛成でも反対でも個人的な意見とならないよう、十分な根拠をあげて批評すること。
3. 相手を悪く言うようなけんか腰の批判はしないこと。

〈批判（反対，反論，反駁）する際の留意点〉[8]

批判的読みでは、以下の4点に留意するとよいでしょう。

---

6) 小山治（2017）「大学時代のレポートに関する学習経験は職場における経験学習を促進するか——社会科学分野の大卒就業者に対するインターネットモニター調査——」『高等教育研究第20集』pp.199-218.

7) 反駁とは「他人の意見に反対し、その非を論じ攻撃すること。他より受けた非難攻撃に対して、逆に、論じ返すこと」を指す（広辞苑第7版）。

8) 澤田彰夫（1977）『論文の書き方』講談社学術文庫を参考に作成。

1. 資料情報は不足していないか、信頼できる情報か

著者の主張を裏付ける資料情報は十分か、信頼できる情報か、情報の価値を判断します。aの文章を読んで検討してみましょう。

> a. 子どもの貧困は日本においても問題となっている。給食を食べるために学校に来る小学生もいるという。一人親世帯ではさらに深刻だ。

まず、「日本においても」とありますが、日本以外の国の実情を指摘する必要があるでしょう。また、給食を食べに来る小学生がいるという例だけで貧困を裏付けることはできません。さらに、一人親世帯だとなぜ問題は深刻なのか、主張を裏付ける十分な資料を提供する必要があります。こうした点に着目して批判的に読んでいきます。

2. 事実と異なる命題を立てていないか

事実ではないことを事実であるかのように書いていないか、事実と異なる命題を立てていないかをチェックします。bの文はどうでしょう。

> b. いまや20代のスマートフォン所持者の大半がSNSを利用している。

bは、現状を捉えているかのようですが、確かな根拠に基づく内容であるかはこの一文ではわかりません。

それに対して、cはどうでしょう。

> c. 総務省の29年版白書によれば、20代のスマートフォン所持者の97.7％がLINE、Facebook、Twitter等のSNSを利用していることが明らかとなった。

cは信頼性のある調査データに基づく事実であると断定することができます。

bのように安易な思い込みで周知の事実のように書くと批判の対象となります。妥当性のある根拠をきちんと調べ提示しているか、批判的に

読む必要があるでしょう。

3．論理的な誤りを含む推理をしていないか

　前提となる命題から出てくるはずのない結論を導き出していないかを
ｄとｅの文でチェックしてみましょう。

> ｄ．　高齢ドライバーによる交通事故が増えている。

> ｅ．　高齢者による運転をやめさせるべきだ。

　ｄは事実ですが、そこからｅの結論は出せません。高齢者すべての運
転に問題があるとは限らないからです。論理に飛躍があります。高齢者
や高齢ドライバーの定義も明確にされていません。結論を多面的に検討
し、十分に議論されたものか、信憑性のある根拠を示しているかを批判
的に点検して読む必要があります。

4．総括的批判は十分考慮されたものか

　１〜３までは、概念・命題・定義の的確性や飛躍の有無を文のレベル
で検討してきました。４では、文章全体を検討して、どういう点で、な
ぜ、どれだけ問題点を明示したか、解決したか、総括的批判を行います。
目的と結論の整合性はあるか、仮説として提示した問題はどれほどよく
解決したかを批判的に読みます。総まとめとして批判的に検討し、全体
評価を行います。

5

引用を的確に示す

なぜ引用する必要があるのか

　レポートや論文と、作文との違いは、文献を調べ、根拠を示して自分

の意見を述べることにあります。重要なことは自分の言葉と他者の言葉を明確に区別し、自分の意見の独自性を示すことです。他者の言葉、つまり、文献に書かれたことやデータベースを使って調べたことと、自分の意見（言葉）を区別して述べるルールが引用です。他者の主張（これまで明らかになったこと）を引用し、批判的に検討することによって、問いが導き出され、自分のレポートや論文の目的を明確に示すことができます。引用することで、問いや目的を他者の見解やこれまでの研究に位置づけ、その妥当性を示すことができるのです。

コピペはドロボウ！＝剽窃（ひょうせつ）

　ある学生が、ほとんどコピペ（コピー＆ペースト）のレポートを持ってきて「本やホームページを読んで全くそのとおりだと思ってしまうと、自分の意見を述べることもできないし、どこをどう引用していいか、わからなくなってしまいました。でも、一応、読んだ本やホームページのアドレスは文献リストに載せました」と言うのです。

　こんな経験はありませんか？　専門家の書いた本を学生が批評できるわけがないと開き直り、それらしい意見をダウンロードして貼り付ける。引用の手続きは習ったので、形式的に引用する。すると、それなりの体裁のレポートが手早く出来上がる。引用もちゃんと示しているとなると、「どこがいけないの？」ということになります。

　でも、パッチワークのレポートはつぎはぎで文体も統一されておらずぎこちなく、結論の文章のレベルが一気にダウンしています。コピペ検出ソフトがなくても「ああ、ここだけは自分で書いたのね」と先生にはすぐにわかってしまいます。

　もし、引用を示さない、あたかも自分の発見や見解であるかのように装い、出典を明記しないのであれば、他人の論文を盗む剽窃（ひょうせつ）、すなわちドロボウと同じです。引用することは、自分の言葉と他者の言葉を区別することです。

　また、引用という手続きさえ、行えばいいという軽い考えは極めて危険で恥ずべき行為です。引用は、他者の研究に敬意を表すことです。さ

らに、先行研究を網羅的に調べて明らかになった到達点を示すという、アカデミックなレポート・論文を書く上での基盤となります。

ダウンロードしてコピペし、切り貼りだらけのレポートを作成しているとしたら、あるいは文献1，2冊に頼りっきりで、自分の言葉と他者の言葉との区別も不明確なまま書いていたら、いつまで経っても自分の言葉で文章は書けるようにはならないでしょう。

では、どうしたらいいか。まずは、課題の要求を正確に理解した上で、資料を調べ、自分はレポートで何を主張したいのかを考えてみましょう。その上で、どこをどう引用するかを考えてみましょう。

コピペがダメなのではなく、**他者の意見や言葉を用いて記述する際には、引用という手続きを踏むこと**。資料を正確に分析的に読み、信頼性のある証拠資料を裏づけとし、自分で考え、**他者の言葉と自分の意見を区別して述べること**ができるよう、自分を鍛えていくことが大切です。

どこをどう引用すればよいの？

「どこをどのくらいどう引用すればいいですか」
「ネットで調べたものではダメですか」

「文献リストにはどんな文献をいくつ載せればよい評価になりますか」

学生からよく尋ねられる質問です。論文を読んだ経験がなければどこをどう引用したらいいのか全くわからないでしょう。実は、課題内容や専門分野によっても引用の仕方や分量は異なります。課題の執筆要領に、書籍や論文などを何点以上引用すること、信頼できるデータベースで調べることなど、条件が示されていることもあります。

引用は直接引用や間接引用などの形式を学ぶことで、すぐにできるようになります（pp.104〜112）。初心者が悩むことは、検索して集めた

資料のどこを使い、レポートや論文のどこでどのように引用して内容を組み立てていくかということです。詳しく説明した指導書はなかなかありません。なぜなら、引用の仕方は専門分野によって多様であり、専門的な内容に踏み込んだ説明が必要であるからです。文章表現の書き方の指導ではなく、研究レベルでの指導を受ける必要があります。

　では、どうすればよいのか。よりよいレポートを書く、引用の仕方を自ら学ぶためには、できるだけ**多くの論文を読んでみる**ことです。まず内容を読むのではなく、どこでどう引用しているのかを**分析的に読み**ます。

　本章4節「読む力を鍛える3ステップ」の、ステップ2（pp.26 〜 28）を読んで論文の構造を分析してみましょう。そうすると、どこでどのくらいどのような方法で引用しているかがわかるようになります。

　レポートや論文全体を分析してみると、序論の先行研究の紹介や先行研究の批判的検討、結論の成果と限界で、引用が多くなされていることがわかります。

　レポートの提出期限が迫っていて、多くの論文を分析している時間はもうないという場合は、本書巻末の見本レポートや論文の引用部分にざっと目を通すとおおよその見当がつきます。

　さらに時間がない。明日が締め切りだという人は基本フォーマットと見本レポートを照らし合わせてみると、直接引用や間接引用のやり方を理解し、すぐに自分でもできるようになります。

　もっと深く引用の仕方を学びたい、研究論文を書きたいという人は学術雑誌の論文を分析してみるとよいでしょう。たとえば、**自然科学や心理学の論文では研究テーマの到達点を間接引用によって示すという方法を用います。**それに対して、**著者の表現を重視する分野では直接引用や長い引用という方法を使います。**また、**注で詳しく説明するという方法もあります。引用や注を駆使して説得力のあるレポート・論文を目指しましょう。**

論文の型による引用法の違い──俯瞰する力をつけよう

　論文の書き方には、学問の思考様式、すなわちディシプリンの考え方が埋め込まれています。当然、ディシプリンによって論文の書き方は異なります。引用の仕方、引用に関する考え方にも違いが出てきます。

　私は、京都大学大学院教育学研究科の「専修コース共通演習」という授業で「論文の書き方」を数年にわたり、担当したことがあります。そのときの経験を例に、論文の型と引用法の違いについて説明しましょう。

　専修コースの受講生には、現役の高校教員や教育に関連する仕事に携わっている社会人もいました。受講生に共通するテーマは当然のことながら「教育」ですが、専攻は、比較教育学や教育方法学、教育哲学、心理学など様々でした。そうすると、専攻によって論文作法に違いが出てきます。

　たとえば、研究分野や研究方法による引用の仕方の違いです。幼児の認知発達に関する実験的研究と、教育政策に関する国際比較研究とでは引用の仕方が異なります。前者は心理学の量的研究に分類されるもので、先行研究の到達点や理論の概要を間接引用という形式で行います。

　これに対し、後者は比較教育学における研究であり、他者の論文を直接引用して、しかも長い引用という形式をとりながら、その他者の見解との対比において自分の考えを明らかにするという方法をとります。研究の目的が異なれば、引用の仕方もそれに伴い異なってきます。

　一般的な論文の形式を習うだけでは、すぐにその知識を使えるようにはなりません。そこで、この授業で最も注意を払ったことは「**俯瞰する**」ということでした。

　引用であれば、研究論文においてなぜ引用が重要なのか、なぜそのような引用の仕方をするのか、実例を踏まえながら考える。様々な専門分野の論文の形式を俯瞰的な視点を持ち、分析することによって、引用の意味づけと位置づけを行う。そうすると引用の形式の違いを自分の研究において活かすことができるようになり、**引用に関する知識が、自分にとって意味のある知識、活用できる知識となります。**

　さらに、「俯瞰する」ことは、現実の問題や実践上の問題を研究する

重要な視点を提供することにもつながります。理論や先行研究の到達点に立って研究を行う場合は、すでに研究の方法論すなわち論文の書き方のタイプは定まっていて、多くの場合、**仮説検証型**あるいは**仮説論証型**の論文で執筆します（p.80 図 11 参照）。

しかし、現実に今起きている問題を扱おうとする場合は何をどのような方法で研究するのか、理論と照らし合わせるというところから始めなければなりません。そうすると、仮説を見出すための**仮説探索型**、**仮説生成型**の論文を視野に入れる必要も出てくるでしょう。

自分の問題意識を明確にし、どのような研究が可能か、どのような論文の書き方があるかを、まずは現実の問題をしっかりと観察し、客観的に把握することによって、その問題の全体像を俯瞰的に捉えることが必要です。

俯瞰する力がつくと、発想が自由になります。現実の場面での問題意識を専門分野（理論）に位置づけることができ、そこから研究の方向性を自分で自由に描くことができるようになるのです。

すなわち、研究のタイプ、レポート・論文の型が見えてくることで、教えられたままの論文の知識ではなく、問題意識に応じて知識を再構造化できるようになります。

つまり、レポートや論文の基本の型をしっかり学ぶと、自分のテーマに応じて、的確に引用法を使いこなし、主張の裏づけとなる明確な根拠を示せるようになります。

先行研究を誠実に引用しよう

東京大学大学院人文社会系研究科・文学部『言葉を大切にしよう──論文・レポート作成の心得［改訂増補版］』では、先行研究を「誠実」に扱うことの重要性を説いています。「誠実」でない先行研究の扱い方が結構あり、それが倫理問題を引き起こすことにもつながるとして、誠実でない例として、怠慢、剽窃、無視、おべっかと罵倒、はったりと嘘などをあげて説明しています。怠慢、剽窃、無視について、以下原文どおりに引用します。

36

① **怠慢**—論じているテーマに関わる重要な文献を参照していない場合。これでは怠慢と言われてもしかたないでしょう。誰かがとっくに言っていることを繰り返すという恐れもあります。そうならないためにも、教員や先輩の助言や、図書館のサービスを活用して、自分が論じたいことについては何が重要な先行研究であり、すでにどこまでが常識となっているか見定めてください。

② **剽窃**—これは他の人がすでに書いていることを、あたかも自分の発見や見解であるかのように使い、出典を明記しない場合です。学問のコミュニティではこれは筆記試験の場合の「カンニング」と同様に、万引きや泥棒と同等の不正行為と見なされます。特に外国語文献を参照した場合、外国語だから普通の人にはわからないだろうと高を括って、その文献に書かれていることをあたかも自分が最初から知っていたことのように受け売りするというケースも残念ながら時折見受けられます。

③ **無視**—自分が論じていることについて先行研究がすでにあって、そのことも知っていながら故意に言及していなかったり、無視するケースも見られます。先行研究そのものを軽視しているために傲慢に無視する場合もあれば、自分の独創性を強調したいがために先行研究をわざと示さない場合もあるでしょうが、どちらも誠実とは言えません。自分と同じようなテーマを扱った先行研究がある場合は、たとえそれが高く評価できないものだとしても、きちんと言及し、その上に自分の論を組み立てるべきです。

　このように、いろいろな「不誠実」な例を挙げたうえで、学問のコミュニティに生きる人間として、誠実に先人や同僚たちの業績に向き合い、学問的な手続きに従って、人間としての基本的なマナーを守りながら建設的な議論を進めていくこと、それが論文を書くという作業なのだと述べています。

　修士論文を書く、卒業論文を書く、レポートを書く場合においても、自分の言葉と他者の言葉を区別し、引用を的確に行いましょう。

第 3 章

レポートを書く

1　レポートの型を見極める……………………………40

2　レポートのイメージをつかむ……………………42

3　レポート作成の 5 ステップ　…………………43

　ステップ 1　論点を見出す……………………………43

　　課題を理解する……………………………………43

　　思考を整理する……………………………………45

　ステップ 2　調べる：流動的で速報性のある

　　　　　　　情報を収集する……………………49

　　図書館の機能を最大限に活用しよう……………49

　　情報収集の手順……………………………………52

　　情報収集で大切なこと……………………………56

　　情報を精選するために必要な 3 つの力　………57

　ステップ 3　組み立てる………………………………58

　　主題文を書く………………………………………58

　　アウトラインを作成する…………………………62

　ステップ 4　執筆する…………………………………64

　　ページ設定を行う、題名をつける………………64

　　フォーマットを用いて執筆する…………………65

　ステップ 5　点検する…………………………………70

　　すべてのレポート・論文に共通する

　　　チェックポイント……………………………70

　　レポートの類型別チェックポイント……………71

1 レポートの型を見極める

レポート提出まで、あと1か月、何から始めよう？

まず、レポートの型を見極めましょう。課題内容をよく読み、何が要求されているか、確かめてください。

大学のレポート課題には、4つの型があります（表2）。

表2　レポートの4つの型

説明型	内容を理解したかどうか説明します。授業やテキストの内容を十分理解したかどうか、学習成果の説明を求めるための課題です。図書を紹介する「ブックレポート」や、ある事柄について調べる「調べ学習レポート」もあります
報告型	実習での成果を報告します。看護や介護の臨床実習報告、保育や教育実習報告などがあり、様式は決まっています。その他、博物館実習報告、フィールドスタディや短期留学の成果報告もあります
実証型	与えられたテーマについて、実験や調査を行い、その結果に基づき実証します。見本レポート（付録3）を参照してください
論証型	与えられたテーマについて論証します。テーマを絞り込み、資料を調べ、根拠に基づき、自分の主張を論理的に組み立てます。見本レポート（付録1、2）を参照してください

　この章では、論証型レポートの作成法を解説します。「論証」は、レポート・論文作成において必須のテクニックです。明確な主張を行うには、説得力のある証拠をあげ、論理的に議論を展開しなければなりません。アカデミックなレポートや論文の核となる大切な技法です。
　次の図3には、4つの型のレポート作成のプロセスを示しました。

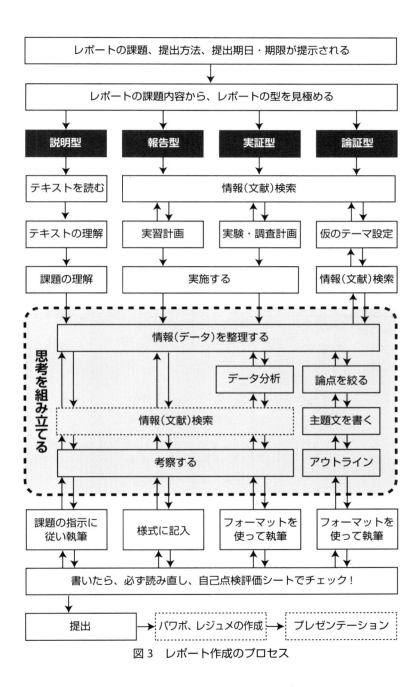

図3 レポート作成のプロセス

なお、第4章では、**自分でテーマを設定して**、実証研究や文献研究を行い、その結果を実証・論証する論文の作成方法について記します。自分でテーマを設定する「研究レポート」を書く場合には、第4章を参考にしてください。

2 レポートのイメージをつかむ

今回のレポート課題は、論証型かぁ。次は何をすればいいの？

次は、実際に、見本レポートを見てイメージをつかんでください。

　まずは、レポートとはどのようなものか、そのイメージをつかんでおくことが大切です。提出するときの表紙のイメージ（p.66：図7）、ページ設定（p.67：図8）、レポートの構成（図9）、論理の流れ（図10）、見本レポート（付録1）を見て、基本となる形（体裁）をしっかり頭に入れておきましょう。

　レポートは、序論、本論、結論の3つの部分で構成されています。序論が1章、本論が2、3、4章、結論が5章というように5章構成が、レポートの基本的な構成法です（p.63：図6）。

　次に、図10の砂時計を見てください。レポートの論理の流れを、砂時計の中の砂が流れていく様子をイメージするとわかりやすいと思います。

　さらに、定型表現を用いた論証型レポートのフォーマット（pp.68～69）を確認し、見本レポート（付録1）を見てください。これで、おおよそのイメージがつかめるでしょう。

3

レポート作成の5ステップ

　図3（p.41）に、レポート作成のプロセスを、レポートの型に分けて詳述しました。ここでは、論証型レポート作成のポイントを、5つのステップで説明します（表3）。

表3　レポート作成の5ステップ

ステップ1 論点を見出す	提示された課題を理解する。テーマに関するキーワードを使って、思考を整理し、論点を見出し、下調べに入る
ステップ2 調べる	課題のテーマに沿って、流動的で新しい情報を収集する 下調べ：論点の概略的知識を検索エンジンや事典で調べる 文献検索：OPAC、CiNii、新聞などデータベースで調べる 文献入手：資料を読み込み、さらに情報を収集する
ステップ3 組み立てる	論点を定め、問いを立てる。構造を組み立てるため、主題文を書く。アウトラインを作成する。仮の題名をつける
ステップ4 執筆する	定型的な表現を用いたフォーマット（pp.68〜69）を使って、執筆する。題名を、キーワードとの整合性を考えて、つける
ステップ5 点検する	自己点検評価シートでチェックする。できれば時間を置いて第三者的思考で読み返し、推敲する

ステップ1　論点を見出す

課題を理解する

　課題1は、携帯電話やスマートフォンの利用に関する問題をテーマに取り上げた論証型レポートの課題です。このように、論証型レポートでは、まず、課題として、広いテーマが示されます。その広いテーマの

課題 1

「小中学生の携帯電話やスマートフォンの利用実態と問題」について、問題の背景や実態を明らかにし、論点を明確にしたうえで、自分の意見を 2500 〜 3500 字程度（A4 用紙 40 字 × 30 行 = 1200 字、3 〜 4 枚）で述べなさい。

はじめに（序論）、おわりに（結論）を含め、レポートを 5 章で構成すること。本論の 3 つの章には、内容を表す適切な見出しをつけること。本文中で引用を明確に示すこと。

文献資料は 3 点以上、そのうち 2 点は新聞・論文・書籍のいずれかを引用すること。レポートの最後に引用文献一覧を付け、インターネットで検索した情報は URL と閲覧日も明記すること。

中から、自分がおもしろそうだと思うことや、このことであれば、自分の意見を展開できそうだという論点を見出すことが大切です。論点を絞り込んでいくためには、主体的に考え、資料を調べ、「自分がそのレポートで何を主張するのか」を明確にしていくことが必要です。

また、自分の意見を裏づける信頼性のある根拠を資料から見出すことも大事なポイントです。資料が見当たらないのであれば、論点を再検討することも必要です。

「調べる」「絞り込む」という作業を繰り返し、「よし、これなら書ける！」と、気合が入る論点を見つけましょう。

また、レポートには提出期限があります。資料を眺め、なかなか論点が定まらず、執筆に十分な時間が取れないケースも見かけます。第 4 章 4 節ステップ 1「テーマを決める」（pp.79〜83）を参考とし、計画的に作業を進めてください。

「論証」するには、次の 2 つの要素が必須項目です。アカデミックな論理の展開の仕方をしっかり学んでいきましょう。

「批判的に検討する」ことは論証のポイントです。

〈論証型レポートのポイント〉

●信頼できる証拠を裏づけとし、自分の主張を明確に提示する。
●異なる意見を批判的に検討し、自分の主張を説得的に述べる。

第2章3節（pp.18〜21）をもう一度確認しておきましょう。

思考を整理する

便利なことに、インターネットでキーワード検索するだけで、ある程度の情報を集めることができます。

早速、やってみましょう。「でも、その前に、ちょっと待って！」

課題の内容は、携帯電話やスマートフォンについてです。自分の経験から、ある程度、利用の実態や問題を予想できるのではないでしょうか。たとえば、「ゲームやインターネットをやりすぎて、利用料金がいきなり跳ね上がって、親から注意されたことがある」「友だちとのメールのやりとりで不愉快な思いをした」といった経験はありませんか。あなた自身は、ケータイ依存、スマートフォン依存、ネット依存になっていませんか。私たちの暮らしに、インターネットや携帯電話、スマートフォンは欠かせないものとなりました。

「スマートフォンを家に忘れた。戻ったら、授業に間に合わない！」

そのとき、あなたはどうしますか？　スマホなしの一日は不便なだけでなく、あなたを不安な気持ちにさせるかもしれません。ネット環境の変化は、人々の意識や行動に大きな影響を与えています。そこで、まず、携帯電話やスマートフォンの優れている点と問題点を、あなた自身がどう捉えているのか、自分が考えたことを整理してみましょう。

まず、自分の経験から、論点となりそうなキーワードを書き出してみてください。なぜなら、自分の経験や関心のあることについては、自分の主張があり、議論を展開しやすいからです。何か、いいキーワードやアイディアが思い浮かびましたか？　情報を検索する前に、思考を整理するために、表4に挙げた方法のどれかをやってみましょう。

表 4　思考を整理する方法

リスティング	思いついたことをどんどん書き出す。列挙した項目を見る（思考を可視化する）ことで、何を論点とするか、構想しやすくなる
思考マップ （マインド・マップ コンセプト・マップ）	思いついたことをつなげてマップを描くことで事柄の関連性や階層性がわかり、漠然としていた思考が整理できる
表に示す	複数の事柄の比較や、原因と結果の因果関係を、表にして書き分け、整理しておくと、相違点や問題点を明確化できる
ブレーン・ ストーミング	グループでアイディアを出し合う。相手とのやりとりの中で、新たな発想が浮かび、思考も深まる

　ここでは、まず、携帯電話やスマートフォンの優れている点と問題点を、表にしてみましょう。

優れている点（利便性、機能性など）	問題点（危険性、弱点など）
・多機能（電話、メール、インターネット、ゲーム、時計、目覚まし、カメラ、電卓、連絡先リスト、音楽を聴く、動画を見る、スケジュール表、メモ帳、録音、お財布） ・いつでも連絡できる ・世界とつながる ・顔を合わせずに話せる ・就職活動には欠かせない	・悪質なインターネット・サイト：出会い系サイト、わいせつ画像、ネット詐欺、ネットいじめ、プライバシーの流出 ・心理的影響：常に所持していないと不安になる。すぐに返信がないと、心配になる ・依存度が高く、自分をコントロールすることが難しい：ゲームのやりすぎ、ネットの使いすぎ

　次に、利用対象を小中学生、または小学生、あるいは中学生に絞り込み、携帯電話やスマートフォンを持たせるか、持たせないか、その理由を対照表にまとめてみましょう。

　その後、グループでブレーン・ストーミングを行い、新たな発想を書き足しましょう。

仲間外れはかわいそう。安全のためにも必要。

ゲームのやりすぎで勉強しないのもちょっと……。悪質サイトかどうかの判断も難しいし……。

持たせる	持たせない
・塾のお迎えなど連絡がすぐでき、便利 ・GPS機能で居場所がわかり、安全 ・友だちが持っているから。持っていないと仲間外れにされる ・将来的には必要だから、小学生の頃からネット環境に慣れ親しむことが必要 ・フィルタリングを設定すれば、使い方を制限できる	・ゲームのやりすぎ→学力低下 ・ネットの使いすぎ→高額料金請求 ・小学生はまだ判断力がないから、悪質サイトによる被害者や加害者になる場合も考えられる ・直接的なコミュニケーションが大事 ・塾通いもしていないし、必要性がない ・電磁波の影響が心配

　それでは、あなた自身が小学生の親だったとしたら、子どもに携帯電話やスマートフォンを持たせるか、持たせないか、あるいは限定的立場を取るか、下記のように、あなたが考える立場と、その理由、補足事項、代案、条件などを書いて内容を整理し、そのあとで、グループで話し合って、様々な意見を検討してみましょう。

あなたの立場	理由・補足・代案・条件
限定条件つきで持たせる	塾のお迎えには必要。でも、出会い系サイトとかもあるし、心配。ひとりで出かけるとき、親との連絡だけに使うという条件つきで持たせる
持たせない	動画に夢中で勉強に身が入らないとか。ゲームのやりすぎで高額請求ってこともあるかもしれない

その他、思考を整理し、構想を練るには、思考マップ（図4）も便利です。マップのどの領域で論点を絞っていこうか、どこが議論を展開しやすいか、どこを詳しく調べたらよいか、思考を可視化することで考えやすくなります。線でつなぎ、関係性を示したり、点線で囲って問題点を示したり、重要な論点となりそうなところを太枠にしたりと、書いたり、削ったりしながら工夫して論点を絞り込んでいきましょう。

〈手書きの例〉

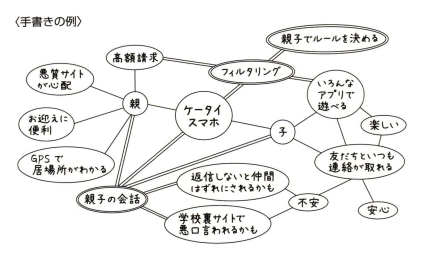

〈フリーソフトを使った例〉

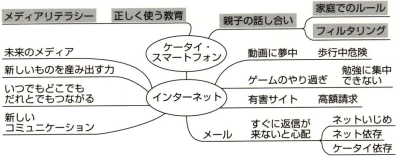

図4　思考マップ

〈手書きの例〉二重線は、解決策を表した。
〈フリーソフトを使った例〉左側にケータイ・スマホの可能性を、右側に問題点を示した。アミ掛け部分は解決策。議論やアイデアをまとめるため、FreeMindなどのマップを作成するフリーのソフトウェアを活用してもよい（https://webcli.jp/topics/freemind）。

48

ステップ2　調べる：流動的で速報性のある情報を収集する

図書館の機能を最大限に活用しよう

「図書館ガイダンスには行ったけど、データベースはどう使えばいいの？　使い方を忘れちゃった」

使わなければ忘れてしまうし、目的がなければ行かない。興味がなければ自分から行くことはないし、課題を出されてもインターネット検索だけで済ませることだってできる。

では、図書館の機能を使って調べる必要はないのでしょうか。

インターネットで調べると、情報は膨大にあるかのように見えます。しかし、実は、知の全体像から見れば、それはほんの一部です。無料で誰でも簡単にアクセスできて便利ですが、信頼性のある情報とは言えません。Wikipedia（無料で閲覧できる百科事典サイト）は、おおよその情報を即時に把握し、見当をつけるにはとても便利です。しかし、信頼できない情報が含まれている場合もあり、ほかの信頼性のある情報を調べる必要があります。

図書館が提供しているデータベースは、大学が高額の料金を支払っており、学内のパソコンからのみアクセス可能なものがほとんどで、信頼できる様々な情報を手に入れることができます。

では、何を、どうやって調べたらよいのでしょう？

まずは、授業で出された課題をよく理解してください。次に、自分が知りたい情報は、何を調べればよいのか、見当をつけましょう。図書館では、書籍だけでなく、事典、辞典、新聞、一般雑誌、学術雑誌、白書、Web情報など、様々な資源から情報を探し出すことができます。

私は、授業で、図書館の利用を促進する課題を出しています。初年次生を対象にしたアカデミック・ガイダンスでは、「携帯電話やスマートフォンの利用を巡る問題」をテーマとしたレポート課題を出しています。

心理学の授業では、講義で取り上げた心理学の知見をもとに、日常生活で疑問に思ったことから問いを立て論証する課題を出しています。

第3章　レポートを書く

49

流動的・速報性のある情報	現在	ソーシャルメディア	X（旧 Twitter）、Facebook、ブログ
		ウェブサイト	検索エンジン：Google、Yahoo! 各省庁のホームページ
		テレビ	放送ライブラリー 各放送局の YouTube チャンネル
	1日後	新聞	新聞社データベース：朝日新聞クロスサーチ 毎索、日経テレコン、ヨミダス
	1週間後	週刊誌 一般雑誌	出版社・書店のサイト：Amazon など
体系的・信憑性のある情報	数カ月後	学術雑誌	CiNii Research、Google Scholar J-STAGE、MagazinePlus 国立国会図書館サーチ
		図書	OPAC、Google Scholar CiNii Books、Amazon 新書マップ 4D 出版社・書店のサイト
	1年後	白書	国立国会図書館サーチ
	数年後	統計資料	総務省統計局、OECD iLibrary、e-STAT
		科研報告書	KAKEN、CiNii Books
		辞典・事典類	OPAC、JapanKnowledge

図 5　資料の種別とデータベースの選択

KITIE（Keio Interactive Tutorial on Information Education：情報の種類と特徴）を参考に作成した（https://www2.lib.keio.ac.jp/project/kitie/types/index.html）。

表5　データベースの使用目的と評価ポイント

メディア	データベース	使用目的	評価ポイント・判断基準
ソーシャルメディアX(旧Twitter)、Facebook、ブログウェブサイト	検索エンジンGoogleYahoo!ウィキペディア	・辞書代わりに使う・最新の出来事や事柄を調べる	・速報性は高いが信憑性に欠ける・発信元の信頼性：個人のサイトに比べ、大学や政府のサイトは信憑性がある・引用元や出典が明記されているか・いつ配信されたか、後で書き換えもある
テレビ	放送ライブラリー http://www.bpcj.or.jp/DVD で刊行されたものもある各放送局のYouTube チャンネル	・最新の出来事を知る・専門家の見解を知る・特集番組など過去の出来事を体系的に知る・映像でリアルに捉える	・速報性が高い。信憑性は玉石混交・根拠や証拠に基づいていた報道か・専門家による見解が示されているか・いつ、どの放送局で放送されたか・映像情報のため、引用が難しい
新聞	新聞データベース新聞社ウェブサイト	・最新の出来事、時事問題、世論、社会情勢、専門家の見解を知る・過去の出来事を調べる	・どの新聞社の記事か：見解に相違もあり、比較検討する必要がある・根拠や証拠は十分か・いつ発行されたか
週刊誌、一般雑誌	国会図書館雑誌記事索引Web OYA-bunko（一般雑誌検索データベース）	・大衆が関心を持つ内容を知る・1 週間～数か月前の事柄の概略をつかむ・特集などで詳細な情報を知る	・誰が書いているか：分野の専門家か・出典が明記され信頼できる情報源か・どの出版社が刊行したのか・広告主の影響はないか
学術雑誌	学術論文データベースCiNii ResearchGoogle ScholarJ-STAGE、医中誌など	・最新の研究成果を知る・テーマに関連する知見を知る・主張の根拠として引用する・論文の書き方を学ぶ	・査読（専門家による掲載審査）の有無・学術雑誌か紀要か：学術雑誌の方が査読の基準は高い・出版年：最新に価値がある場合もある
図書	OPAC（蔵書検索システム）CiNii Books などの総合目録	・まとまった情報、概要を得る・専門的な知識を体系的に知る・目次や索引を活用して効率的に情報を得る	・速報性はないが、信頼性は高い・誰が書いているのか：専門家や研究者か否か・どの出版社か：学術出版か、一般の出版社か
辞書、事典レファレンス資料	OPAC（蔵書検索システム）CiNii Books などの総合目録辞書データベース	・テーマに関する基本知識を得る・テーマの全体像を概略的に知る・専門用語を定義する際に用いる	・信頼性は高いが、最新の動向に弱い・対象を一般としているか、専門分野に特化したものか、用途を確認

慶應義塾大学日吉メディアセンターの情報リテラシーセミナーの配布資料を参考に改変し作成した。

前者は、携帯電話やスマートフォンに関する最近の話題ですから、**流動的で速報性のある情報**を調べる必要があります。

それに対し、後者はテーマとする領域の**体系的で信憑性のある情報**を調べる必要があります。

図5は、時間軸に沿って、資料を左側に、その資料を調べるのに必要なツールを右側に記したものです。一番上を現在とし、流動的で速報性のある情報を調べるのに適した資料が並んでいます。下には、体系的で信憑性のあるまとまった情報を調べるのに適した資料が並んでいます。図5を使い、課題内容に合った資料を選択し調べましょう。

さらに、実際に図書館に出向き、書架に並んでいる本を閲覧すること（ブラウジング）も大切です。本の背表紙（題名）を眺め、実際に手にとってまずは、目次を眺める。この本だったら、自分が読んでもわかりそうか、見当をつけることができます。また、書架をウロウロして眺めていると、パソコンの画面だけではわからない、専門分野の情報を体系的に把握することができ、たまたま手にした本から予想外の発見をすることもあります。

そして、図書館に行く、もう1つの大きな価値は、レファレンスサービスにあります。図書館には専門のスタッフ、ライブラリアンがいて、質問に応えてくれます。レポートや論文を書くことは、調べることから始まります。引用文献リストを見るだけで、どの程度のレベルのレポートか、先生にはわかります。図書館の機能を最大限に活用し、よりよいレポートや論文を書くことを目指しましょう。

情報収集の手順

テーマについて、ある程度の知識と関心があれば、自分の思考を整理し、仲間とディスカッションすることで、レポートが書けそうな気もします。しかし、それでは、あくまでも主観的な意見であり、作文の域を越えることはありません。資料を調べ、証拠を提示することによって、自分の意見の妥当性を論証することができます。

資料の調べ方は、テーマの種類によって異なります。レポート作成の

どの段階で、どの資料を使って調べたらよいでしょうか。

　課題 1（p.44）では、すでにレポートのテーマが与えられています。テーマは「子どもの携帯電話やスマートフォンの利用実態とその問題」です。最近では、スマートフォン（以下、スマホ）での手軽な操作により、無料でテキストチャットや通話ができる LINE を巡る問題もあり、技術革新が著しい分野です。時間軸で見ると、流動的で新しく速報性のある情報に分類されます。その「携帯電話やスマホを子ども（小中学生）に持たせるかどうか」を論証する課題です。こうした情報の流動化が激しい新分野のテーマは、最新の情報を調べる必要があります。

　本書では、情報収集を次の 3 つの手順で行うことを提案しています。

表 6　情報収集の 3 つの手順とデータベース

手順	目的	方法	データベース
(1) 下調べ	テーマに関する概略的な知識を得る	キーワードや用語の意味、定義を調べる	辞書、百科事典 JapanKnowledge ウィキペディア
(2) 文献検索	信頼性のある情報を収集する	テーマや著者名でデータベースを用いて資料を検索する	［書籍］ OPAC（蔵書検索システム） CiNii Books などの総合目録 　新書マップ 4D
(3) 文献入手	ダウンロード 文献複写 （コピー） 文献取り寄せ 本の購入	主張を裏づける必要十分な証拠資料を適切なデータベースを用いて入手する 資料を入手できたら、しっかり読み込み、批判的に検討を行い問いを導き出し、論点を絞り込む	［新聞］ 新聞データベース 　朝日新聞クロスサーチ、 　ヨミダス、日経テレコン、 　毎索 　新聞社ウェブサイト ［論文］ 学術論文データベース 　CiNii Research 　Google Scholar 　J-STAGE

(1) 下調べ

　下調べでは、**辞書、事典、辞典**を使ってテーマに関する用語の意味を調べます。たとえば、「LINE」の問題を取り上げるとすれば、JapanKnowledge Lib の「現代用語の基礎知識」などで調べ、その定義をレポートの冒頭で述べるとよいでしょう。定義する必要がある用語については p.101 ～ 104 を参照してください。

　Wikipedia〔ウィキペディア〕は、おおよその情報を知り、見当をつけるには便利です。ただし、信頼できない情報も含まれているので、必ず他の情報源として事典類や文献検索データベースで確認し、出典を明記してください。

(2) 文献検索

　図 5、表 5、表 6 をよく見て、目的に合った適切なデータベースを選択し、主張を裏づける説得的な資料を収集してください。

　課題はケータイやスマホに関するもので最新の情報が必要です。まずは、簡便な方法として検索エンジンにキーワードを入力してみましょう。入力するキーワードは、表現によっても、言葉の組み合わせによっても収集できる情報は異なってきます。課題では利用者を「子ども」としていますから、**Google** か、**Yahoo!** の検索窓に「子ども　携帯電話」「中学生　ケータイ　メール」「小中学生　スマホ　親」「中学生　LINE」と 2 つ以上の言葉を 1 文字分のスペースを空けて入力してみましょう。テーマに関する情報の概略をすぐに集めることができます。

　このように「子ども、子供、小学生、児童、小中学生、中学生、中高生」「携帯電話、携帯、ケータイ、メール、スマートフォン、スマホ、ブログ、LINE、SNS」など、関連する言葉の表現を言い替え、組み合わせて、1 文字分のスペースを空けて入力することによって簡単に絞り込み検索（AND 検索）ができます。しかし、検索エンジンの中には、信頼できない情報も含まれています。

　そこで、信頼できる最新の情報として新聞記事を探してみましょう。大学図書館のデータベースで、朝日新聞は**朝日新聞クロスサーチ**、読売新聞は**ヨミダス**、日本経済新聞は**日経テレコン**、毎日新聞は**毎索**で調べ

54

ます。

　書籍の検索は、学内の蔵書目録（**OPAC**：Online Public Access Catalog）を使って調べてみましょう。また、新書はコンパクトに新しい情報がまとまっているので、今回のようなレポート課題に適しています。新書マップを利用するとテーマに関連した内容の位置関係を把握できます。

　さらに、証拠となる信頼性のある資料として論文を調べるには、学術雑誌論文のデータベース **CiNii Research** や **J-STAGE** を使います。J-STAGE の論文は学術雑誌に掲載されたもので PDF 化され、すべてダウンロードできます。

　Google Scholar は論文や書籍などを調べることができます。どこからでも無料でアクセスでき、便利です。

　他に、**文部科学省**や**総務省のホームページ**では統計資料も閲覧できます。図や表を引用する際には出典を明記してください。

（3）文献入手

　文献をダウンロードして入手したら、読み込みます。その文献の引用文献リストを使って、さらに関心のあるものを調べていく芋づる式の調べ方もあります（p.83 参照）。

　この段階では、ただ調べるだけでなく、論文の内容にもさっと目を通してダウンロードする価値があるかも判断してください。論文の中身を手早く知る方法としては、要旨や抄録など、題名の下に記載されている要約文に目を通してみるというのも方法の一つです。全文を閲覧できない場合は、大学図書館を通して文献複写の依頼をするとよいでしょう。また、芋づる式の収集は情報が偏ります。複数のツールを使って偏りのない検索をしましょう。

　さらに、この本は自分にとって価値があると思った時は、思い切って購入することをお勧めします。図書館で借りた本は書き込むことはできません。付箋を貼ったり、マーカーで色分けして線を引いたり、書き込みを入れたり、本を汚して熟読することも大切です。

情報収集で大切なこと

(1)「広く調べていくこと」と「論点を絞り込むこと」の往復運動

　この課題を調べていくと、子どもの年齢や発達によって利用状況が異なること、親と子の利用に対する考え方の違い、携帯電話やスマートフォンを利用することによって、子どもが犯罪の被害者になるだけでなく、加害者となっているケースもあるなど、複雑な事情がわかってきます。さらには家庭内でのルールを決めるだけでなく、学校や教育委員会の方針まで、立場によって様々な見解があることもわかってきます。

　そうやって調べていくほど、どういう立場で自分は意見を述べたらよいのか、自分は何を主張したらよいのか、どうまとめたらよいか、かえって情報が拡散し、方向性がわからなくなってしまうこともあるでしょう。

　さらに、文献を読めば読むほど、納得してしまい、自分の考えと著者の考えとの区別がつかなくなってしまうという経験もあると思います。

　したがって、レポートをまとめていくには、「広く調べていくこと」と「何に焦点を当てるのか、論点を絞り込んでいくこと」が大切です。「広げては、絞り込む」、この2つのことを行きつ戻りつ往復運動することによって、このレポートで自分は何を主張したいのか、論点が明確になってきます。また、自分の関心、興味があることで、何についてだったら自分の意見を書けそうか、自分の力量や課題の制限文字数など、複数の要件を合わせて判断しましょう。

(2) 見通しと見切りをつける

　一方で、これで行こうと、ある程度の見通しと見切りをつけることも大切な決断です。レポート提出には期限があります。したがって、このあたりの資料で書こうという決断も必要です。

(3) 調べた情報を評価し、信頼性のある情報を選択する

　また、課題1（p.44）には、文献資料を3冊以上、調べ、引用するという条件がついています。それには、2つの理由があります。

1つめの理由は、1、2冊の書物や論文だけに頼ると、その著者の意見を客観的に読むことができなくなるからです。すなわち、批判的に検討することが難しくなります。複数の意見を多面的に検討し、評価することによって、自分の意見を述べ、新たな発想ができるようになります。

　2つめの理由は、インターネットの検索エンジンから得た情報（Google や Yahoo! など）は、必ずしも信頼できるかどうかはわからないからです。ウィキペディアも誰が書いたのか、いつ書き換えられたのか、証拠に基づく発言なのか、不明です。検索エンジンを通して入手した情報は、氷山の一角です。

　それに対し、大学図書館の機能を活用して検索した資料は信頼できます。文献は、事典や書籍だけではありません。学術論文、一般雑誌の記事、新聞記事、官公庁ホームページの調査データ、白書なども含まれます。データベースを活用し、巧みに資料を集め、図5(p.50) や表5(p.51) を用いて評価・判断し、適切な情報を選択しましょう。

情報を精選するために必要な3つの力

　情報を精選するには、①検索する力、②読み解く力（読む力）、③批判的に検討し評価する力が必要です。

　インターネットの普及、グローバル化の進展によって、知識や情報に国境はなくなりました。21世紀は「知識基盤社会」の時代であると言われています（平成17年度中央審議会答申）。

　知識基盤社会では、情報の価値は高まったものの、一方でその情報は、すぐに古いものになってしまいます。誰が、いつ、どのような根拠を示して述べたことなのか。信頼できる情報か。情報の質を評価・判断し、情報を精選する力が必要とされています。

　たとえば、書籍は、インターネットに比べて信頼できる情報とされていますが、いつ書かれたものか、著者は何を根拠として意見を述べているのか、どこからが著者の意見か、論理の展開に矛盾はないか、内容を読み解き、批判的に検討する必要があります。また、新聞記事も、編集者によって情報は選択され、記者の見解によってすでに情報は加工され

ていることを認識しておく必要もあるでしょう。

アカデミックなレポート・論文の執筆では、問いを明らかにするために、証拠資料として情報を精選し、自分の意見（判断や見解）を説得力を持って裏づける確実な証拠を得ることが必要不可欠です。

そのためには、検索した情報を安易にコピペするのではなく、しっかり内容を読み解く力、批判的に検討し評価する力が必要です。

書くための「読む力」については第2章4節（pp.22〜31）を、批判的に検討する力については第2章3節（pp.18〜21）を参照してください。

ステップ3　組み立てる

調べた情報や、自分の頭の中にある知識をもとに、レポートの構造を組み立てていきましょう。

主題文を書く

ステップ3では、論点を定め、レポートの構造を組み立てていくことを目的として、主題文を書きます。

主題文（thesis sentences）[9]とは、レポートで自分が主張したいことを簡潔に述べた文章です。アウトラインを作成する前に、いきなり文章にするのは難しいのではないかと思う人もいるかもしれません。

実際に、ある程度レポートを書き慣れていて、レポートの論理構成が頭に入っている人であれば、キーワードを階層的に並べ替え、アウトラインを作成することも難なくできるでしょう。

しかし、初めてレポートを書く人、また、日頃、本をあまり読まないという人は、論理を構成するというイメージが湧かず、キーワードをどう並べて階層化するのか、あるいは、見よう見まねでアウトラインを作成しても、その後、どう文章化したらよいのか、何から書き出したらよいのか、その段階でつまずいてしまいます。

---

9) 主題文の詳しい定義については木下是雄（1994）『レポートの組み立て方』ちくま学芸文庫 pp.15, 69–71 を参照.

「でも、大丈夫！」

　主題文は、レポートの核となるテーマを頭の中で整理し、それを文章にすることによって、論理を組み立てていくプロセス、考えるプロセスを支援してくれる役目を果たします。定型表現を用いたフォーマットにキーワードを入れていく作業を繰り返して、主題文を書き直すうちに、自分はこのレポートで何を主張したいのかがわかってきます。

　「まずは、やってみましょう」。すでに、課題1「子どもの携帯電話やスマートフォンの利用実態とその問題」（p.44）を例とし、本節ステップ1の「思考を整理する」（pp.45〜48）では自分の頭の中にある知識を整理して論点を見出すことを、ステップ2の「情報収集の手順」（pp.52〜55）では主張を裏づける信頼性のある証拠の集め方について解説しました。収集した資料をもとに、論点を絞り、主題文を書いてみましょう。まず、次の6つの条件を頭に入れ、論点を定めます（表7）。

表7　論点を定めるための6つの条件

①	課題のテーマに適合しているか
②	自分が興味や関心を持つことができる内容か
③	自分の意見を展開できそうか
④	意見の根拠とする情報を集めることができるか
⑤	課題条件の字数で書けそうか
⑥	レポート提出後にプレゼンテーションを行う場合は、聞き手が理解でき、関心がある内容かどうか

　たとえば、携帯電話が発する電磁波が子どもの健康にどう影響するかということに興味があったとしましょう。その電磁波の影響に関する専門的な知識を詳しくプレゼンテーションで述べても、聞き手にとっては専門性が高すぎて理解できなかったとしたら、レポートの内容は整っていても、聞き手にとって魅力的で説得力のある発表とは言えないでしょう。そうした様々な条件を想定し、調べた情報をもとに論点を定めます。

次に、小中学生の携帯やスマホの使用実態について調べてみることとします。そうすると、親は料金の請求額を見て、初めて利用の実態に気づくこと、学校裏サイトなど、携帯やスマホがいじめの温床となっていることもわかってきます。

　そこで、子どもの携帯やスマホの利用について親の立場からどう介入するか、論点を「子どもの携帯メールのやりとりに親は関与すべきか」に定めることとします。最初の主題文は、本格的に情報を収集する前に、おおよそ100字くらいでざっと書きます。検索した情報をもとに書いてみましょう。

＜最初の主題文の構成要素＞

①主題：論点とする内容
②根拠：主張の裏づけ
③主張：自分の意見

＜フォーマット＞

① _____ が問題となっている。
② _____ という。
③ _____ と主張する。

＜例＞

　①子どもの間でメールやLINEのやりとりを巡り、人間関係が問題となっている。②一日中、友達とやりとりをし、それがストレスとなっているのに手放せないという。③まずは、親子で使い方を話し合うこと、対話が重要だと主張する。（105文字）

次に、決定版の主題文をまとめるため、さらに詳しい情報を収集し、論証型レポートの論理構成を想定して、序論にあたる①、論証型レポートに必須の要素②と③、結論の④を入れ、本文の5〜10％程度にまとまるようにします。課題1では、本文2500〜3500字とあるので、200字程度が適当でしょう。

＜決定版の主題文の構成要素＞

> ①　論点を提示し、その問題の背景を説明する
> ②　根拠に基づき、自分の意見を述べる
> ③　自分の意見とは異なる意見を根拠に基づき批判する
> ④　結論として、自分の意見を明確に主張する

＜フォーマット＞

① _____が問題となっている。
② _____べきだ（べきではない）。
③　一方、_____という意見もあるが、_____。
④ _____と主張する。

＜例＞

◆肯定的立場：持たせる

　①携帯やスマホはインターネットと接続することで問題が複雑になってきている。②携帯電話が普及した現代社会では、小学生の頃からメディアを使ったコミュニケーションに親しませるべきだ。③トラブルから守るため、持たせないという考え方もあるが、公衆電話も少なくなり、現実的ではない。④携帯電話を使ってコミュニケーションのルールについて学ばせる、積極的な教育姿勢が必要だと主張する。（180文字）

◆否定的立場：持たせない

①ゲームなど有害サイトによる被害者が増えている。②判断が未熟な小学生は犯罪に巻き込まれる危険性が高く、被害を未然に防ぐため、携帯電話は持たせるべきではない。③しかし、公衆電話も少なくなり、携帯電話がないと連絡不可能のこともある。④代案として、双方向型通信ではないが、自動改札通過情報を保護者にメールで送信するICカードを持たせるなど、安全対策が必要だと主張する。（176文字）

◆限定的立場：条件つきで持たせる

①子どもたちの携帯電話利用状況は、通話時間が減少する一方で、メールやLINEの利用回数や時間は増加している。②小学生には、用途や時間に制限を設けるべきだ。③主体性を尊重する意見もあるが、小学生は自己管理が十分でないことから犯罪に巻き込まれる危険性もある。④ネット接続不可にする、フィルタリングを設定する、リビングに置くなど、親子が納得する使用ルールが必要だと主張する。（175文字）

アウトラインを作成する

次に、決定版の主題文をもとに、アウトラインを作成してみましょう。アウトラインとは、レポートの構成を示した骨組みのことです。図6は、論証型レポートのアウトラインの例です。

主題文は書かず、初めからアウトラインを作成する方法もあります。いきなり文章（主題文）を書くのは難しいと思う人も多く、むしろ、そのほうが一般的かもしれません。

ここで主題文を書くことを勧めた理由は、論点の絞り込み方や論証の構成を学んでもらうことにあります。議論を展開しやすい、身近な話題として課題1「子どもの携帯やスマホの利用実態とその問題」を取り上げ、思考を整理する方法など、頭の中で行う作業を可視化し、ワークとして行うことや授業であれば、ペアを組んで、あるいはグループでコメントをすることを提案してきました。

ある程度、レポートに書き慣れ、レポートの構成要素も理解できてい

序論 ・問題の背景と目的 ・主張の要点 決定版主題文の限定 的立場（p.62）の ①と②を使う	**1. はじめに** 子どもたちの携帯やスマホ利用頻度は、年々高くなっている。このレポートでは、小学生には、用途や時間に制限を設けて、使わせるべきだと主張する。
本論 ・主張を裏づける信 　頼ある証拠の提示 ・異なる立場の主張 　の批判的検討 ・補足や代案 決定版主題文の②と ③と④を使って<u>具体</u> <u>的な見出し</u>をつける	**2. メールを多用した新しいコミュニケーション** 通話時間が減少する一方で、メールの利用回数や時間は増加している。 **3. 小学生では自己管理が不十分** 自主性を尊重し自由に使わせるという意見もあるが、小学生は自己管理が十分でないことから犯罪に巻き込まれる危険性もある。 **4. 条件つきで使用させる** フィルタリングを設定するなどルールを決めて使う。
結論 ・主張の妥当性の確 　認 ・主張の限界 ・今後の課題 「1. はじめに」と 決定版主題文の④を 使ってまとめる	**5. おわりに** 携帯電話を使ったコミュニケーションは変化していく。親子で話し合い、使用のルールを、その都度決めていくことが必要だが限界もある。今後の課題は、親子間の認識のズレを互いに理解し、どう対処していくかにある。

具体的な内容を表す見出しをつける

図6　論証型レポートのアウトラインの例

付録1は、この図のアウトラインに沿って執筆した論証型レポートの例です。pp.90、91のアウトラインの例も参考にするとよいでしょう。

たら、主題文は書かずに、キーワードを階層的に並べ替え、最初からアウトラインの作成に入っても、何の問題もありません。

　ただし、最もやってはいけないことは、いきなり、パソコンに向かって、課題となっているキーワードを検索エンジンに入れ、コピペで書いたり、構想も練らずに、資料も 1、2 冊の本だけを頼りに書いたりすることです。

　全く構想もなく、下調べもしないで書き出すことは、羅針盤を持たずに、大海に出るのと同じことです。レポートや論文を書くうえで大切なことは、情報収集と論理構成です。論理の筋道を指し示してくれるのが、羅針盤であるアウトラインです。

　アウトラインを作成するポイントは、本論で具体的な見出しをつけ、章立てや節を示し、レポートの全体像を階層化することです。「はじめに」や「おわりに」という見出しの下にも、何を書くのかを簡潔に示しておきましょう。適切な見出しをつけて、内容を具体化し、論理を組み立てていきましょう。

ステップ4　執筆する

ページ設定を行う、題名をつける

　アウトラインを作成することによって、自分が主張したいことを組み立て、レポートの全体像が明確になってきたと思います。そこで、提出期限をにらみながら、このあたりで書き上げようと目安を定めたら、早めに執筆に取りかかりましょう。整理した資料を活かして、アウトラインに肉付けし、執筆していきます。途中、うまく書けそうになかったら、アウトラインを見直します。

　書いては直すという往復運動を繰り返すことが大切です。

　執筆に取りかかる前に、課題として出された執筆規定、ページ設定に合わせてレポートの体裁を整えます。まず、表紙をつけます。短いレポートであれば、表紙をつける必要がない場合もあります。図 8（p.67）は、表紙をつける場合と、表紙の必要がない場合の例です。どちらの場

64

合も、最初のページに、題名、所属学部、学年、学籍番号、名前を明記してください。

題名は、大切です。評価者である先生は題名でレポートの良し悪しがわかります。よく考えてつけてください。レポートの題名は、小説の題名とは異なります。レポートの要約と考えてください。

たとえば、メインタイトルに「スマホ依存の問題と対策」とし、目的を、サブタイトルに「小中学生のコミュニケーション形態から考える」とし、対象者と何に焦点を当て、分析するかを入れれば、内容が一目でわかります。題名とキーワード、レポートの内容との整合性にも留意してください。詳しくは第 5 章 1 節（p.100）の題名のつけ方を参考にしてください。

ページ設定の例は図 9（p.67）に、文献リストの記載方法や、引用、出典の示し方は、第 5 章 3 節（pp.104～112）を参考にしてください。

フォーマットを用いて執筆する

いよいよ執筆です。レポートには、基本となる定型的な表現があります。レポートの表現法や構成法を学ぶには、よいモデルが必要です。本章 3 節のステップ 2 で紹介したように CiNii Articles などを利用して複数の論文をダウンロードしてみましょう。いきなり内容を読むのではなく、まずは構成や見出し、接続表現に注目し、マーカーで印をつけ、論理の展開の仕方を追って見ていきます。

そうすると、レポートや論文の表現には、共通した構成があること、接続表現も論理展開に応じて、共通した表現が用いられていることがわかると思います。積極的によいモデルを探し、論文の全体像と論理の流れ、論理の組み立て方を学んでください。

pp.68 ～ 69 に、定型表現を用いた論証型レポートのフォーマットを示しました。これまでに作成した主題文やアウトラインの情報を活かし、空欄を埋めていきながら、自分の意見を述べてみましょう。ただし、内容や文脈に応じて、適切な表現に変えてください。

付録 1 は、論証型レポートの例です。題名、本文、引用文献リスト

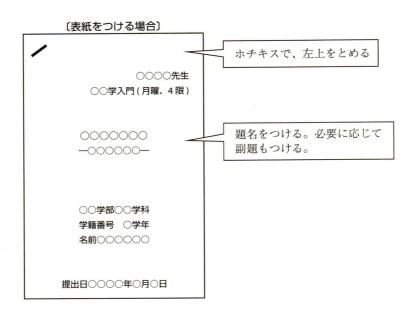

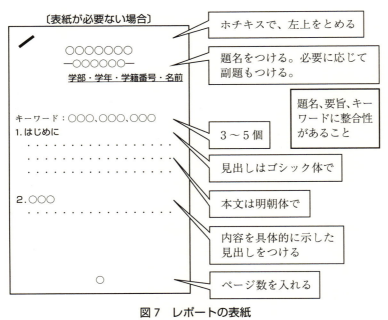

図7　レポートの表紙

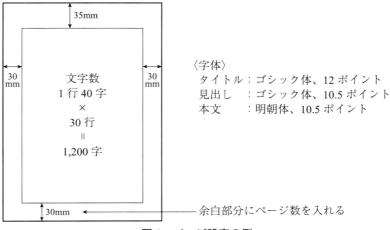

図8　ページ設定の例

〈論証型レポートの構成要素〉

序論	問題の背景と目的、主張の要点
本論	主張を裏づける信頼ある証拠の提示 異なる立場の主張の批判的検討 自分の主張の限界、補足や代案
結論	主張の妥当性の確認、今後の課題

〈基本的な5章構成〉

1. はじめに
2. ○○○○
3. ○○○○
4. ○○○○
5. おわりに

（2〜4は）具体的な内容を表す見出しをつける

図9　レポートの構成

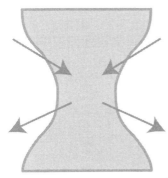

　論理の流れを、砂時計でイメージするとよいでしょう。
　序論で、テーマとする領域の問題を広く捉え、論点を絞り込んでいきます。次に、本論で内容を捉え、最後は結論へと広い底にめがけてサーッと流れる砂をイメージしてください。砂の流れは、結論を広い文脈に位置づけ、今後の課題へと発展的につなげていく論理の道筋を示したものです。

図10　論理の流れは砂時計

〈基本フォーマットを用いてスラスラ書ける〉

○○○○○ ← メインタイトル

—○○○○○— ← サブタイトル

○○学部○年　学籍番号：○○○○　名前：○○○○

3〜5個

キーワード：○○○○○、○○○○○、○○○○○

1. はじめに

（近年、最近、現在、）＿＿＿＿＿＿＿＿＿＿＿
が問題となっている。

＿＿＿＿＿＿＿＿＿＿については、さまざまな
立場から、多様な意見がある。○○（2020）に
よれば、＿＿＿＿＿＿＿＿＿＿が明らかとな
っている。○○（2018）は、「＿＿＿＿＿」と
述べ、＿＿＿＿＿＿を指摘している。

　こうした現状（調査結果）を見ると、＿＿＿＿
＿＿がわかる。一方で、＿＿＿＿＿＿も指摘され
ている。

　なぜ、＿＿＿＿＿＿なのか、明らかではない。

　そこで、このレポートでは、＿＿＿＿＿＿につ
いて、＿＿＿＿＿＿を検討することを目的とする。

内容を示す見出しをつけ、
本論の論理的展開を示す

2. ○○○○○

　○○（2020）によれば、「　　直接引用p.104参照
と述べている。また、○○（2018）は、＿＿＿＿
間接引用 p.105 参照　　　と主張している。さ
らに、○○（2019）は、＿＿＿＿＿＿＿＿＿＿
を指摘している。

まず**見本レポート**
（付録1）を読み、論
理の流れ、接続詞、
文末表現、引用法を
確認しよう

1. 問題の背景、論点を、
さまざまな見解を引
用しつつ、指摘したう
えで、目的を述べる

批判的に検討する

問いを立てる

・**○○新聞○年○月○日
付けによれば**
・**名字（2018）によれば**
・**○○研究所（2020）
の調査によれば**

2. 主張を裏づける信頼
性のある証拠を引用
して示す

・**直接引用** 「原文のま
ま」と述べている
・**間接引用** 原文の要約
と述べている

3. ○○○○○

　一方、○○（2020）は、＿＿＿＿＿＿＿＿＿と
いう見解を示している。また○○（2018）も
「＿＿＿＿＿＿＿＿＿＿＿＿＿」と述べている。
しかし、＿＿＿＿＿＿＿については十分に考慮
されていない。

4. ○○○○○

　こうしたさまざまな問題を考慮すると、＿＿＿
＿＿＿＿＿の必要もあるだろう。たとえば、＿＿＿
＿＿＿＿＿＿＿＿＿＿＿も考えられる。

　同様に、＿＿＿＿＿（2019）も＿＿＿＿＿＿＿＿
を指摘している。

5. おわりに

　このレポートでは、＿＿＿＿＿＿＿＿を取り
上げ、＿＿＿＿＿＿について検討した。その結
果、＿＿＿＿＿＿＿＿＿＿＿＿＿が明らかと
なった。

　しかし、＿＿＿＿＿＿＿＿＿＿＿＿＿＿＿＿
については明らかにできなかった。

　今後の課題は、＿＿＿＿＿＿＿＿＿＿＿＿＿
＿＿＿＿＿＿＿＿。

引用文献

　著者名（2020）『書　名』○○○○　出版社
　　　名.
　著者名 (2020)「論文名」『学術雑誌名』　○巻
　　　○号 , pp.○－○.
　○○新聞 (2020)○月○日付朝刊　「見出し」.
　○○○省「見出し」(https://www. ○○)（2020
　　　年○月○日閲覧).

文字数の配分の目安

題名＋引用文献リスト
　　　　　　　　　　10%
序論（はじめに）30%
本論　　　　　　50%
結論（おわりに）10%

3. 前節の 2. とは異なる
　立場の主張を批判的
　に検討する

4. 自分の主張の限界
　補足や代案

5.「おわりに」の書き方
　p.93 ～ 95 を参照
　・**目的の確認**
　・**結論の提示**
　・**明らかにできなか**
　　　ったこと
　・**今後の課題**

引用文献リストの書き方
p.109 ～ 112 を必ず参照
　・書籍
　・論文
　・新聞
　・ホームページ

URLと閲覧した日付
も記入する

も含め、2300 文字のレポートです。付録を参考にし、携帯電話やスマートフォンの利用を巡る自分自身の経験を事例として盛り込むなど、独自のレポートを書くことに挑戦してみましょう。

ステップ5　点検する

　本章の冒頭にレポートには4つの型があることを（表2：p.40）、レポート作成のプロセスには違いがあること（図3：p.41）を示しました。最後に、4つのタイプのレポートに共通するチェックポイントと、タイプ別のチェックポイントを説明します。

すべてのレポート・論文に共通するチェックポイント
(1) 何度もプリントアウトして、チェックする

　はじめから、課題の提出様式に沿って、文章を書き出し、完成まで、途中、何度もプリントアウトして点検してください。パソコンの画面では気づかなかった間違いや、レポートの全体像がよくわかります。

(2) 自己点検評価シートで、執筆の前と後にチェックする

　付録4の自己点検評価シート（ルーブリック：p.153）を使って推敲しましょう。自己点検評価シートは、レポートを書く前に、よく読み、頭の中に評価項目を入れてから、作成に取りかかります。レポートの構造や構成要素、形式、文章表現など、必須事項をすべて一覧できます。

　書き終えたら、もう一度、シートを使って、細部まで徹底的に点検しましょう。

(3) 提出期限厳守！──ポイントは段取り！

　提出日当日に「この USB メモリに入っているんですけど、今プリントアウトしてきてもいいですか」とか「昨日の夜、プリンターが壊れたので、授業のあと、メールで送ってもいいですか」とか「このノートパソコンに入っているんですけど」とか言ってくる学生がいますが、いい

はずがありません。メールで提出する課題もありますが、いずれの場合も期日はしっかり守りましょう。様々なスケジュールを頭に入れ、何事も早めに、段取りを整えましょう。

〈類型別レポートのチェックポイント〉

（1）説明型レポート

　説明型レポートで用いられる代表的な4つの修辞法をあげ、チェックポイントを説明します。

　① 例証

　事象や理論について、具体例をあげて説明を求める課題では、個人的な経験を例として説明するのか、先行研究にどのような事例があるかを調べ、それを引用しながら説明するのか、課題の要求を見極めてください。個別事例であるならば、例自体が説明に適切な内容であること、かつ読み手（評価者）の興味を引きつける要素が必要です。

　② 比較

　比較する対象を分析する基準、枠組みに偏りはないか。対等に比較できているか。たとえば、日米比較研究としながら、米国の先進的取り組みの紹介が中心で、日本との比較対照が十分に行われていないという例も見かけます。

　③ 因果関係

　結論（結果）を示してから、そこにいたる原因を述べる**演繹法**と、原因（個々の事例）を述べてから結論（結果）を述べる**帰納法**があります。原因と結果のどちらから説明したらわかりやすいか、よく考えてください。演繹法で概略を解説し、その後、帰納法で詳述するパターンが一般的です。

　④ 分類

　分類の基準と階層構造（大分類、小分類など）を明確に示してください。

（2）報告型レポート

　報告型レポートには、看護や介護における臨床実習記録など決まった

様式があります。保育や教職課程でも、実習があり、記録を書きます。

　最も注意してほしいことは、事実（情報）の記述と意見（判断）の記述です。第5章5節（pp.118～119）を参考に、判断の根拠となった情報を的確に記載してください。

(3) 実証型レポート

　実証型レポートには、定型的な様式があります。執筆にあたっては、付録3のデータに基づくレポート・論文の例を、結論の書き方はp.95の結論フォーマットを参考にするとよいでしょう。

　① 実験報告

　自然科学、理工系、医歯薬系、心理学では、実験を行います。

　授業に組み込まれた実験演習のレポートは、形式が定まっていて、文章表現も決まった書き方があります。

　② 調査報告

　アンケート（質問紙調査）した結果をレポートにまとめる場合も、付録3を参考にしてください。

(4) 論証型レポート

　論証型レポート執筆のチェックポイントは、次の2点です。

　① 信頼できる証拠を裏づけとし、自分の主張を明確に提示できているか。

　② 異なる意見を批判的に検討し、自分の主張を説得的に述べているか。

第4章

論文を書く

1	論文を書く前の心構え	74
2	卒業論文、修士論文に取り組む意味	75
3	論文の型と研究方法	76
	仮説検証型論文と仮説論証型論文	77
4	論文作成の5ステップ	79

ステップ1 テーマを決める …………………………79
　　テーマ探しには時間がかかる ………………………79
　　よいテーマとは？ …………………………………81
ステップ2 調べる：体系的で信憑性のある
　　　　　　　情報を収集する …………………83
　　情報検索の方法 ……………………………………83
　　体系的で信憑性のある
　　情報を収集するための3つの手順 …………………84
ステップ3 組み立てる ………………………………85
　　はじめに（主題文）を書く ………………………85
　　アウトラインを作成する …………………………89
ステップ4 執筆する …………………………………91
　　論文の執筆要領、投稿規定 ………………………91
　　序論、本論、結論の執筆 …………………………92
ステップ5 点検する …………………………………97

5 調査や実験を実施する際の
「研究倫理」について …………………………………98

本章では、論文の作成法について解説します。自分でテーマを設定する本格的な研究レポートは、論文の書き方に則って、本章を参考にするとよいでしょう。

1

論文を書く前の心構え

　論文を書く前の心構えとして、最も重要なことを2点に絞って説明します。

　1つめは、**誠実であること**（Academic honesty, Academic integrity）です。具体的に言えば、自分の言葉と他者の言葉とを区別することで、他者の言葉とは、文献ですでに述べられていることです。特に自分がこれから取り組もうとしているテーマに関する先行研究の内容を、自分が考えたかのように述べることや、知っていても無視することは、学問の世界では許されません。修士論文や博士論文を執筆する、学会誌や紀要に投稿するときなどは、細心の注意を払ってください。

　自分の言葉と他者の言葉を区別することは、他者の研究に敬意を表すことです。先行研究があって、自分の研究がある。だから研究が前に進む。そうした研究の意味を知り、誠実に、謙虚な姿勢で研究に臨むことは、論文を書く前の心構えとして重要なことです。

　ただし、研究ではなく、学生の勉強のために出された課題であれば、研究の独創性を厳しく問われるものではありません。その区別がレポートと論文との明らかな違いです。

　一方、卒業論文の目的は、大学での学習の成果、集大成として位置づけられることから、論文であっても、研究の独創性のみで評価されるものではありませんが、自分の言葉と他者の言葉を明確に区別する姿勢は必要です。

　2つめは、**粘り強く考え抜くこと**です。よりよい論文を目指して書く

74

ことは容易なことではありません。知力だけでなく、時間も体力も精神力も必要です。これでよいのか、徹底して最後まで粘り強く考え抜くこと。このことが、人を育てます。研究論文の意義は、学術的貢献、社会的貢献にありますが、学生が論文を書くことには、書く人（学生自身、つまり自分自身）を育てることに最も大きな意義があります。

2

卒業論文、修士論文に取り組む意味

　ある学生が、論文の書き方の授業後に次のような感想を綴っています。
　「論文では新しいものを提示する必要があると思っていたが、既知の理論でも自分の見解で整理できれば、それもありだと知り驚きました」
　卒業論文でも修士論文でも、まずは自分にとってどのような意味があるかを明確に理解し、納得することから始めてください。学術論文には、学問的貢献と社会的貢献が期待され、特に前者には独自性、新奇性が求められます。卒業論文にも、独自性や新奇性は重要ですが、すでに発表された理論でも、証拠（論拠）を示しながら、自分として理解できたことを筋道立てて説明できたのであれば、書き手にとって価値があります。卒業論文や修士論文を書く意味（価値）は大きく3つあります。

（1）論文を書く練習

　論文の作法には、「学問の思考法」が埋め込まれています。問いを立て、その問いを解決するために、膨大な時間を費やして先行研究を調べ、データや資料を収集して分析し、考察します。この一連のプロセスを知り、研究の「段取りを整える」ことから始まります。テーマはどうしようか、資料がうまく見つからない、データは予想通りではなかったなど、初めの計画とは異なる想定外のことが続きます。こうして、学問の思考法や研究方法を学び、段取りを整え、論文を書くことは、研究の場だけ

でなく、将来の仕事にも通ずる、大きな価値があります。

(2) 現実を深く分析する機会

　興味あるテーマでも、論文にするまで突き詰めて深く分析する機会は
なかなかありません。また、指導してくれる人もいません。大学で学ぶ
大きな価値は、論文をまとめることにあると言ってもよいでしょう。

(3) 考え抜き、言葉を選び、表現する機会

　書くことは考えること。しつこく考え抜き、言葉を選び、筋の通った
文章となるように、手間を惜しまないこと。「問い」をあたため、手塩
にかけて論文を育て、思考を鍛えてください。

3

論文の型と研究方法

　論文は、研究の成果を表したものであり、研究内容で構成されます。

　したがって、テーマを設定し、何をどういう方法で研究するのかを決
めなければなりません。どうしようかと悩み、模索するプロセスが大事
です（p.80：図11を参照）。

　まず、期限内に研究できそうなテーマか。問いの大きさも自分の力量
で書けそうかどうかも大切な条件です。

　また、よいテーマを見つけ、論文を書くためには、理論の勉強だけで
なく、研究方法を身につけることも必要です。現実の問題をしっかり分
析する力、情報を検索する力、文献を読みこなす力をつけることなど、
研究するための基礎力が大事です。研究方法を学ぶことなく、論文を書
くことはできません。

仮説検証型論文と仮説論証型論文

　まず、論文には、仮説検証型論文と仮説論証型論文があります。

　仮説検証型論文では、データを証拠として、仮説を検証します。自然科学系、社会科学系の研究論文です。量的（定量的）研究であれば、実験や質問紙調査（アンケート）を実施し、データを収集します。質的（定性的）研究であれば、面接（インタビュー）や観察を行い、データを収集します。

　仮説検証型の量的研究は、研究計画がしっかりできて、データがうまく取れれば、論文の構成と文章表現は決まっていますので、型通りに進めていくことができます。データを分析し、結果、考察、結論と、論文の構成はシンプルです。

　それに対し、質的研究は、インタビューや観察の記録をもとにした正確で緻密な厚い記述によって、主張を裏づけ、実証します。

　一方、仮説論証型論文では、文献研究によって仮説を論証します。人文科学系、社会科学系の研究論文です。信頼性のある証拠資料を提示し、仮説が正しいことを論証によって主張します。本論では、章や節に議論の展開を示す見出しをつけて、論理構成や論理の階層構造を示します。

　その他、文献研究には、レビュー（展望）論文があります。あるテーマについて、研究状況、主要成果、問題点などを解説し、研究の意義と今後の課題を論じる論文です。修士論文や博士論文では、自分の論文の位置づけと意義を示すために国内外の研究のレビューをすることが必要です。

　次の例は、仮説検証型論文と仮説論証型論文の典型的な構成です。

第４章　論文を書く

＜仮説検証型論文の構成＞

1. 問題と目的
   問題の背景、先行研究の到達点の提示、先行研究の批判的検討、仮説の提示、目的、用語の定義
2. 研究方法
   実験・調査の方法、対象、実施期間、データの処理方法
3. 結果　データの提示、データの分析
4. 考察　結果の確認、原因の考察、予測と異なる結果の考察
5. 結論（総合討論）
   実験や調査を複数実施した場合、総括します。
   研究行動の確認、結論の提示、研究成果の評価、今後の課題

＜仮説論証型論文の構成＞

1. はじめに
   問題の背景、先行研究の提示、先行研究の批判的検討、仮説の提示、目的、本論文の構成の提示（内容の予告）
2. 議論の展開を示す見出し
   例示、比較、因果関係など、議論を展開する方法を用いて、資料を根拠として、自分の見解を示す
3. 議論の展開を示す見出し
4. 議論の展開を示す見出し
5. おわりに
   以上の議論を踏まえ、自分の見解とは異なる観点から、自分の主張の妥当性を確認し、結論を述べる。提案や提言の提示、研究成果の評価、今後の課題を述べる

4

論文作成の5ステップ

　ここでは、5つのステップでポイントを説明します（表8）。また、図11に、論文作成のプロセスを論文の型に分けて詳述しました。

表8　論文作成の5ステップ

ステップ1 テーマを決める	素朴な疑問を大切に、資料を徹底して調べ、テーマが決定するまで、広げては絞り込む往復運動を繰り返す
ステップ2 調べる	論文のテーマを先行研究に位置づけて検討するため、体系的でまとまった情報を収集する 下調べ：概略的知識を検索エンジンや事典で調べる 文献検索：データベースによる検索、芋づる式検索 文献入手：資料を読み込み、さらに情報を収集する
ステップ3 組み立てる	構造を組み立てるため、序論（はじめに）の構成要素をもとに問いを立て、主題文を書く アウトラインを作成する。仮の題名をつける
ステップ4 執筆する	定型表現を用いたフォーマットを使って、執筆する 題名をつける。キーワードとの整合性を考える
ステップ5 点検する	自己点検評価シートでチェックする できれば時間を置いて第三者的思考で読み返し、推敲する

ステップ1　テーマを決める

テーマ探しには時間がかかる

　「テーマが決まらない」「自分は何に関心があるか、自分でもわからない」「興味があっても論文のテーマになるかどうか、その先がわからない」
　テーマは自然と湧いてくるものではなく、先生に決めてもらうもので

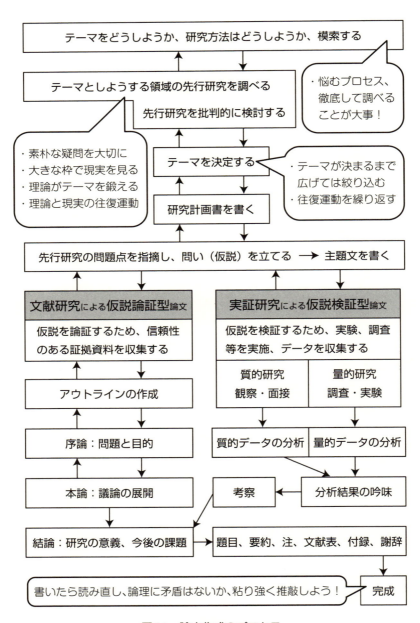

図11 論文作成のプロセス

もなく、自分から主体的に探しに行くものです。日頃から疑問に思っていることや素朴に「不思議だ」と感じていることを大事に育てることが大切です。なぜなら、おもしろそう、やってみようという意欲が湧かなければ、研究を続けることはできないからです。

私は「なぜ、人は考えることができるのか」「頭の中はどうなっているのか」とても不思議でした。知識という言葉も知らない、小学3年生のとき、「あたまの金庫」という詩を書きました。「人間は考えることができる。考えたことを貯めておくことができる。貯めたものを取り出して使うこともできる。だから、あたまは金庫のようだ」と素朴な疑問を綴りました。

大学生になり、その発想はノーマンの記憶貯蔵庫モデルと似ていることを心理学の授業で知り、「思考の発達過程に関する研究——Piaget, Bruner, Kendler の理論に基づく実験の比較」という卒業論文をまとめました。

卒業論文のテーマがきっちりと決定するまでには時間がかかりました。「思考の発達」をテーマにしようと思って、発達心理学のゼミに入ったのですが、実際、どう研究したらよいのか、まるで考えていなかったからです。毎週、ゼミで進捗状況を報告することになっていました。先生は「まだ、考えが足りないね」とか「1週間でそれしか調べられなかったの？」とか言うだけで、何か指示するということは全くありませんでした。

当時の私は先行研究という言葉も知らなかったため、自分で考えて、体系的にまとめられている概論書を読むことから始めました。時間はかかりましたが、その試行錯誤が結果として体系的に理論を勉強することにつながりました。この経験がなければ論文を書くことはできなかったと思います。卒業論文をまとめることは、自分の思考を鍛えるという、大きな意味があると思います。私は、今も「思考」というテーマを研究する意義があると思い、大切にしています。

よいテーマとは？

それでは、よいテーマとは何でしょうか。よいテーマには、研究する

人の関心によって異なりますが、共通する必須条件があります。これが抜けていたら、研究や論文とは言えないという条件です。

その本質的な条件を3点に絞り込んで説明しましょう。

（1）明確な動機づけがある

研究する人、論文を書く人が、おもしろいテーマだと思っていることです。不思議だな、おもしろいな、問題だなと思っていて、なぜ、おもしろいのか、問題なのかを、自分の言葉でシンプルに説明することができれば、論文を書き上げることができます。テーマの本質を理解していなければ、自分の言葉で明確に凝縮して語ることはできないし、書く気力を保つことはできないからです。しっかりとした動機づけがなければ、「こんな面倒で大変なこと、何でやらなければならないの？」ということになります。

（2）先行研究がある

どんな研究でも、先行する研究があればよいというわけではありません。

① 理論的な枠組みがしっかりしている体系的な研究であること。これは、学問的貢献につながる可能性があります。

② 異分野から見ても魅力的であり、幅広い視野から検討されている研究であること。これは社会的貢献につながる可能性があります。

（3）明確に問いを示すことができる

自分の問題関心を「なぜ、……は……なのか」「……とは何か」「……は……すべきか」というように、問いを立てられるかどうか。

たとえば、社会的問題であれば「なぜ、若年者の雇用状況は悪化したのか、人員確保の根本的解決に向け、何をすべきか」「虐待から子どもを守るには？　裁判で幼児の証言（記憶）は信用できるか」など、従来の研究（従来の労働経済学や心理学における記憶研究）では明らかにされてこなかったこと、つまり先行研究では検討されていないことや問題点を、問いの形式で、明確な仮説として提示できるかどうかです。

つまり、問い（仮説）には、論文で最も主張したいことが凝縮されています。言い換えれば、主張が凝縮され、読み手の関心を引く問いがよい仮説であり、その研究テーマは成功したとも言えるでしょう。

　なぜならば、ほかの人も不思議だ、おもしろそうだと思うことや、多くの人が問題だと思っていることでも、今までになかった視点で納得させる問いの切り口を見出せたら、その研究は、趣味的な関心やモノローグではなく、意義のある研究となる可能性を秘めていると言えるからです。

　でも、研究はそれからが肝心です。その仮説の妥当性を検証あるいは論証しなければなりません。検証、論証するためには、証拠が必要です。それも、説得力のある証拠が必要です。証拠には、文献資料、調査や実験による量的データ、面接や観察による質的データ、インターネットから得た情報（ただし信頼性のある確実な情報に限る）のほかに、論理という証拠があります。

　論理そのものが証拠となりうるのは、緻密に論理を積み重ね、その議論の展開を、読み手が納得するよう、十分な説得力を持って主張できたときです。

ステップ2　調べる：体系的で信憑性のある情報を収集する

情報検索の方法

　ここでは、論文や研究レポートを執筆するために、体系的でまとまった資料を収集するための情報検索について説明します。第3章のレポート課題は、携帯電話やスマートフォンがテーマだったので、流動的・新しい情報の検索の仕方と資料の収集方法について説明しましたが、共通するところも多いので、第3章の p.49 ～ 58 もよく読んでください。

　まず、情報検索の方法には大別すると、2つあります。

（1）芋づる式の検索

　授業で提示された参考文献や配布資料に記載されている引用文献をたどって調べていく方法です。興味のある資料を見つけたら、今度はその

資料に載っている関心のある文献を調べます。こうして、次々と、関心あるテーマに関する資料を収集し、内容を深めていくことができます。一方、情報が偏る傾向もあるので、ツールを使った検索と並行して行うとよいでしょう。

(2) データベースを使った検索

　図書館では、図書や雑誌そのものを1次資料といいます。この1次資料を探すための資料を2次資料、あるいは検索する道具という意味でツールともいいます。ツールには、データベースをはじめとする電子的資料と冊子体があります。基本的には、第5章でも、第4章と同様に、次の3つのステップを踏んで情報を検索しますが、論文や研究レポートを書くためには、テーマが最近の問題を扱っている場合でも、**流動的で速報性のある情報の検索**を行うとともに、**体系的で信憑性のある情報の検索**が必須となります。自分の研究テーマを、先行研究に位置づけ、対象化し、批判的に検討することが必要だからです。

体系的で信憑性のある情報を収集するための3つの手順
(1) 下調べ：テーマに関する概略的な知識を得る

　論文や研究レポートでは、テーマは自分で決めなければなりません。そのために、まずはテーマにしようと考えている内容について基本知識を知る必要があります。専門分野の用語について調べ、定義する必要があれば、その分野の**入門書**や**概説書、専門事典**を用いるとよいでしょう。

　一般的な内容であれば百科事典を、最近のことであれば、現代用語の辞典を調べます。図書館で契約しているデータベース、**JapanKnowledge**も便利です。

　定義の仕方については、p.101 ～ 104 を参照してください。

(2) 文献検索：テーマに関する先行研究を網羅的に検索する

　図5、表5、表6（p.50、51、53）をよく見て、目的に合った適切なデータベースを選択し、主張を裏づける説得的な資料を収集してください。

CiNii Research には、日本語で読める論文が掲載されています。「CiNii PDF オープンアクセス」となっていれば、どこからでも論文を全文無料でダウンロードすることができます。機関リポジトリに所収されている紀要論文はすべて PDF になっています。

J-STAGE には、学術雑誌に掲載された論文が PDF で公開されています。学会誌掲載から若干時期をずらして公開されているようです。ただし、学会の方針で J-STAGE に公開していない場合もあります。

さらに、国立国会図書館サーチを使えば、無料で日本国内で出版された書籍、論文、白書など、ある程度網羅的にどこからでもアクセスし調べることができます。また、**Google Scholar** も無料でアクセスでき、論文や書籍を調べることができ、便利です。**MagazinePlus** は、国立国会図書館監修の国内最大級の雑誌・論文データベースです。

海外で発表された雑誌・論文を読むのであれば、**ProQuest**、**Elsevier**、**EBSCO**、**SAGE** などがあります。これらは大学図書館のホームページから ID とパスワードを使って調べることができます。

(3) 文献入手

p.55 を参照してください。

ステップ3　組み立てる

はじめに（主題文）を書く

論文や研究レポートを書くのは初めてという人は、いきなりアウトラインの作成に入らずに、主題文を書いて内容を組み立てましょう。

主題文とは、この論文で何をどのように主張するのかを簡潔な文章にまとめたものです。アウトラインは論文の全体像、組み立て方を階層的に把握するために必要ですが、その前に、主題文を書き、論文の要点を文章化することによって、自分の主張を頭の中で整理し、明確化することができます。「書こう」という心の準備もできます。

「はじめに」の構成要素をもとにして書くので、後から資料を追加し、

序論の執筆にすんなり入っていくことができます。文章にすることによって、論理の筋道が理解できるだけでなく、これなら書けそうだとか、このテーマはとても無理だとか、早い段階で、自分が扱う問題として適切であるか、見当がつけられるようになりますから、テーマの切り替えも思い切って効率的に行うことができます。

　私の授業では、授業を通して関心を持ったテーマで、仮の「はじめに」を書き、次の授業までに先行研究など資料を調べ、内容を充実させるという課題を出しています。学生は、次の授業には「このテーマだと資料が少ないので別なテーマで書き直してきました」とか「いい先行研究が見当たらないと思っていたら、自分でも書けそうな、興味あるテーマが見つかったので変えました」というように主体的に動き出します。

　さらに、学生同士で自己点検評価シート（付録4–2）の序論のところを使って、2人1組で点検します。そのあとで、数人のグループで紹介し合います。次に、クラス全体で、グループの代表として選出された学生が発表します。それに続き、コメント者に選ばれた学生が、前回の「はじめに」がどう改善されたかを批評します。こうして、「はじめに」のポイントが理解できるようになります。

　早速、6つの構成要素から成る「はじめに」を書いてみましょう。ポイントは、③先行研究の問題点の指摘、④問いを立てるですが、④が③や⑤に埋め込まれていることもあります。表現や順番は文脈に合わせ、柔軟に変えてください。

＜はじめに（序論）の構成要素＞

---

①　研究テーマの提示

②　先行研究の紹介

③　先行研究の批判的検討（問題点の指摘）

④　問い（仮説）を立てる（③や⑤に含まれる場合もある）

⑤　研究目的

⑥　研究方法（研究の予告）

はじめに（序論）のフォーマット：初めてでもスラスラ書ける

付録1、2（pp.134–146）の見本レポート・論文を参考に、A4用紙に拡大し、空欄に書いてみましょう。仮の題名も考えましょう。

仮の題名

_____

① （近年、）_____

_____

_____が問題となっている。

②○○（2012）によって、_____

_____

_____が明らかとなった。

また、○○ら（　　）は、_____

_____と述べている。

一方、○○（　　）は、_____

_____を指摘している。

③しかし、_____

_____

_____については明らかにされていない。

④なぜ、_____は、_____

　　　　　　　　　　　　　　　　　　　　　　だろうか。

　　　　　　　　　　　　　　　　に問題があるのではないか。

　　　　　　　　　　　　　を検討する必要があるのではないか。

⑤そこで、本研究では、_____

_____

_____を明らかにすることを目的とした。

⑥まず、_____をすることによって、

次に、_____

さらに、_____

_____

_____を検討する。

＜主題文の例＞

例1：仮説検証型で調査を実施する場合

　近年、大学生の学力低下が問題になっている。岡部ら（1999）の調査によって、大学生でも分数や少数の計算ができないなど、基礎学力が低下していることが明らかとなった。その原因はゆとり教育による授業の削減などにあるという。しかし、様々な議論があり、実態は明確にはなっていない。算数の計算問題だけで、大学生の学力低下を論ずることはできないのではないか。

　そこで、本研究では、大学生の基礎学力の1つとして、批判的能力に着目し、PISAの読解力テストをモデルとした問題を作成し、異なる意見に対し、裏づけとなる論拠を示し、自分の意見を論理的に述べることができるか、批判的能力の実態を明らかにすることを目的とした。首都圏の大学1年生100人を対象として、PISA型読解力テストを実施することとした。

例2：仮説検証型で事例分析を行う場合

　文部科学省は2012年度全国学力・学習状況調査の結果を発表した。全国の小学6年生と中学3年生を対象とし、国語、算数・数学に、2012年度から理科が加わり、4月に実施された。2012年8月9日付の日本経済新聞によれば、すべての教科において、自分の考えを言葉で表現する記述式問題で正答率が低いことが明らかとなった。その原因は、小中学生ともに、授業で習った知識を実生活に関連づける経験が乏しい（左巻，2012）、知識をもとに分析し、判断するのが苦手だからだ（文部科学省担当者，2012）という。しかし、そうした課題をどう克服していくかについては明示されていない。なぜ、書けないのか、誤答例や無答の原因を質的に分析する必要があるのではないか。

　そこで、本研究では、まず、国立教育政策研究所のホームページに公開された学力テスト結果の記述式問題に着目し、教科別に誤答の傾向を分析する。そのうえで、誤答に共通する問題点を析出し、思考力と表現力の向上を図る方策を提案することを目的とする。

例3：仮説論証型の論文の場合

　近年、大学教育のユニバーサル化が進行し、学生支援も多様になった（青野, 2007；武内, 2006）。多くの実践例が活発に学会発表されるようになったものの、内実は実践報告のレベルに終始するケースが多く、実践の根拠となる理論的枠組みにまで言及した事例は数少ない。また、これまでの研究では大学職員からの視点はほとんど手つかずの状態で、研究の蓄積はまだ十分とは言えない。

　そこで、本稿では、まず、学生支援がどのように日本に導入され、どのような教育観に基づき、構築されてきたのかを明らかにする。次に、学生支援の現状を、心理学を理論的枠組みとして学習論と発達論の立場から分析する。構成主義的学習観の立場からは「教え込み」と「支援」とでは学びの質が異なることを指摘する。さらに、学生支援業務が大学職員のキャリア発達にどのように意味づけられるのかをアイデンティティ発達論の知見をもとに明らかにすることを目的とする。

アウトラインを作成する

　論文の構成（pp.78）に示した骨組みに沿って、主題文の内容を活かし、論理の流れを示す明確な見出しをつけていくとよいでしょう（pp.90、91を参照）。p.63の論証型レポートのアウトラインの書き方も参考になります。本論、結論の展開の仕方については、ステップ4を参考にしてください。

　アウトライン作成のポイントは、2つです。

1. 論理の流れがわかる見出しをつけること。
2. 階層的な構造がわかるように、見出しをつけること（p.91の例3'とp.93を参照）

＜アウトラインの例＞

例1'：仮説検証型で調査を実施する場合

1. 問題と目的
   学力低下問題、分数や少数の計算ができない大学生（岡部ら，1999）
   原因は何か。ゆとり教育による授業削減だけが問題ではない
   問題提起：大学生の基礎学力とは何か。その実態とは
2. 方法
   PISA型読解力テストの実施：批判的能力の測定
   対象：首都圏の大学1年生100人
3. 結果と考察
4. 結論、今後の課題

例2'：仮説検証型で事例分析を行う場合

1. はじめに
   文部科学省による2012年度全国学力・学習状況調査　4月実施
   　　対象：小学6年生と中学3年生
   　　科目：国語、算数・数学、理科
   2012年8月9日付日本経済新聞
   　「記述式問題で正答率が低いことが明らかとなる」
   問題提起：なぜ、書けないのかを分析する必要があるのではないか
2. 学力テストにおける誤答例や無答の原因の分析結果
3. 教えて考えさせる授業の実践例から
   市川伸一（2008）『教えて考えさせる授業を創る』図書文化社
4. 教師の力量形成：授業のデザイン力と教師のリーダーシップ
   吉崎静夫（1997）『デザイナーとしての教師、アクターとしての教師』金子書房
5. おわりに
   自分の考えを言葉で表現する授業のデザイン力
   教師教育への提言：思考力と表現力の向上を図る授業にむけて

> **例 3'：仮説論証型の論文の場合**
>
> 1. はじめに：現状と問題の指摘
> 2. 学生支援の歴史
>   2.1 米国における学生支援誕生の背景
>   2.2 わが国への導入
>   2.3 大学のユニバーサル化
> 3. 現在の学生支援の問題
>   学習論と発達論に基づく分析
>   3.1 教授者主導型「教え込み」と学習者主体型「支援」の違い
>   3.2 「学生」に対する教職員の認識の問題──青年期とは──
> 4. 大学職員のキャリア発達とアイデンティティの確立
>   4.1 生涯発達論を手がかりとして
>   4.2 「キャリアの発達」と「個としての発達」
>   4.3 「関係性に基づくアイデンティティ」と学生支援業務
> 5. 大学職員の専門性の確立と"学びのコミュニティ"の構築
> 6. おわりに：成果と今後の課題

ステップ4　執筆する

論文の執筆要領、投稿規定

　研究レポートや論文の執筆にあたっては、課題指定の書式、執筆注意事項、投稿の規定に従って、様式を整えてください。投稿論文のほとんどが、英文タイトルおよび 200 語程度の英文アブストラクトをつけます。400 字程度の日本語で要旨を書く場合もあります。また、要旨の下に 3 〜 5 個のキーワードをつけます。専門分野によって様式は異なりますから、執筆要領を熟読し、正確に把握してください。

　研究レポート課題で、執筆要領がない場合は、第 3 章の図 7（p.66）や図 8（p.67）を参考にしてください。

序論、本論、結論の執筆

　序論、本論、結論では何を書くのか、執筆の留意点について説明します。

（1）序論：問題の指摘、目的の明確化

　序論は、主題文で示した、次の6つの要素によって構成されます。

　定型表現を用いたはじめに（序論）フォーマット（p.87）を使って書いた主題文に、資料を追加し、内容を充実していきましょう。

＜はじめに（序論）の構成要素＞

①　研究テーマの提示

②　先行研究の紹介

③　先行研究の批判的検討（問題点の指摘）

④　問い（仮説）を立てる（③や⑤に含まれる場合もある）

⑤　研究目的

⑥　研究方法（研究の予告）

　序論で最も重要なことは、先行研究の問題点を指摘し、仮説を提示することによって、研究の目的を明確にすることです。すなわち、自分の研究は先行研究とどう異なるのか、先行研究の到達点はどこで、そこから自分の研究をどう進めるのか、自分の研究の独創性を主張することです。したがって、先行研究を綿密に調べることと、誠実に引用することが大切です。

　東京大学大学院人文社会系研究科・文学部（2011）『言葉を大切にしよう──論文・レポート作成の心得　2011』では、先行研究を「誠実」に扱うことの重要性を説いています。「誠実」でない先行研究の扱い方が倫理問題を引き起こすことにもつながるとして、誠実でない例をあげ、説明しています。詳しくは、第2章5節（p.36）を参照してください。

　序論の執筆は、主題文（または、「はじめに」「問題と目的」など）を

何度も書き直し、アウトラインがある程度できあがっていれば、書き進めることができます。また、本論の執筆途中や、結論を書き上げてからも、全体像を眺め、何度も序論に立ち戻り、結論との整合性を確認調整して完成度を高めます。

（2）本論：見出しで論理の階層構造を示す

仮説検証型論文の本論の構成は、付録3に示したように極めてシンプルです。研究方法、結果、考察と進めます。

仮説論証型論文の本論の構成は、見出しの内容で、論理の階層構造を示します。章立てだけでなく、節も設け（p.91 の例 3' を参照）、階層的に論理構造を示します。章、節、小節の表し方の流儀は様々ですが、4.1.2 というように、最初は 4 章、次は 1 節、最後は小節の 2 番目を示す方法があります。

議論の展開の仕方は、第 3 章の論証型レポートの書き方で説明しました。また、第 3 章ステップ 5（pp.70～72）では、例証、比較、因果関係、分類に関する執筆上の留意点を示しました。いずれも、議論を展開するうえで、重要なレトリックですので、留意事項を確認してください。

さらに、付録 2 には、文献研究による仮説論証型論文の事例をあげました。章立て、パラグラフ、接続表現、引用の仕方など、参考にするとよいでしょう。

（3）結論：研究の意義と位置づけを示す

結論では何を述べるのか、論文の論理の流れを砂時計にたとえて説明しましょう（図 12）。

まず、序論で、テーマとする領域の現状を、先行研究を引用しつつ、広く捉えます。さらに、何が問題となっているのか、論点を絞り込み、目的を明確にします。砂時計の砂が上の広いところから、狭いところにめがけて、サーッと流れていく様子をイメージしてください。

本論では、絞り込んだ論点を議論します。最後の結論では、自分の研究はテーマとする領域の研究のどこに位置づけられるのか、視野を広げ

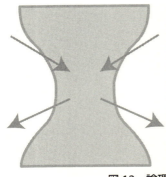

　論理の流れを、砂時計でイメージするとよいでしょう。
　序論で、テーマとする領域の問題を広く捉え、論点を絞り込んでいきます。次に、本論で内容を捉え、最後は結論へと広い底にめがけてサーッと流れる砂をイメージしてください。砂の流れは、結論を広い文脈に位置づけ、今後の課題へと発展的につなげていく論理の道筋を示したものです。

図 12　論理の流れは砂時計（再掲）

て捉えます。

　そのためには、自分の研究を正確に評価する必要があります。この研究で何がわかったのか、研究の意義を明示してください。自分の研究の成果はしっかりアピールしましょう。と同時に、何ができなかったのか、限界も示す必要があります。

　さらに結論では、自分の研究を発展させていくために、今後どのような課題があるかを広い視野から示します。砂時計のたとえでは、本論から結論へと、砂が広い底にめがけて、サーッと流れていく論理の筋道をイメージしてください。

　ただし、結論の最後のところで注意しなければならないことがあります。一気に飛躍した解釈をしないように、特に研究成果を現実の問題に適用して解釈する場合は慎重さが必要です。

　以上、説明してきたように、結論は、次の4つの要素で構成されます。

　さらに、定型的な表現を示しました。文脈に応じて、適宜、表現を変えて、ブランクを埋め、練習に使いましょう。

＜結論（おわりに）の構成要素＞

① 研究行動の確認
② 結論の提示
③ 研究の評価
　　a．研究の意義（成果をしっかりアピールする）
　　b．研究の限界（今回の研究ではできなかったこと）
④ 今後の課題

結論のフォーマット

①以上、本研究では、＿＿＿＿＿＿＿＿＿＿＿について検討を行った。

②その結果、＿＿＿＿＿＿＿＿＿＿＿＿＿＿＿が明らかになった。

③ a．本研究の意義（成果）は、＿＿＿＿＿＿＿＿＿＿＿＿にある。

　 b．一方、本研究の限界は、＿＿＿＿＿＿＿＿＿＿＿＿にある。

　　 （一方、本研究では、＿＿＿＿＿＿＿＿＿はできなかった。）

④今後の課題は、＿＿＿＿＿＿＿＿＿＿＿＿＿＿＿＿＿である。

　 （＿＿＿＿＿＿＿＿＿＿＿に関しては、今後の課題とする。）

　 （今後は、＿＿＿＿＿＿＿＿＿について検討していきたい。）

医療・看護系や自然科学系の論文では、②の結果の提示を下記のように、箇条書きでまとめる例もある。

②本研究の成果は、以下のようにまとめられる。

　　(1)＿＿＿＿＿＿＿＿＿＿＿＿＿＿＿＿＿＿＿＿＿＿。

　　(2)＿＿＿＿＿＿＿＿＿＿＿＿＿＿＿＿＿＿＿＿＿＿。

　　(3)＿＿＿＿＿＿＿＿＿＿＿＿＿＿＿＿＿＿＿＿＿＿。

＜結論の例＞

例1"：仮説検証型で調査を実施した場合

以上、本研究では、大学生の基礎学力の1つとして、批判的能力に着目し、PISA の読解力テストをモデルとした問題を作成し、異なる意見に対し、裏づけとなる論拠を示し、自分の意見を論理的に述べることができるか、大学1年生の批判的能力の実態について調査を実施し、考察した。

その結果、抽象的な内容を読み取る力や、自分とは異なる意見を批判的に検討する力が弱いことが明らかとなった。

本研究の意義は、大学生向けの PISA 型読解力テストを独自に開発し、実施したことにある。一方、十分なサンプル数が得られなかったことや分析方法にも課題が見られた。

今後は、大学生の基礎学力を多面的な側面から明らかにしていきたい。

例2"：仮説検証型で事例分析を行った場合

本研究では、文部科学省の 2012 年度全国学力・学習状況調査の結果をもとに、自分の考えを言葉で表現する記述式問題で回答率が低いことに着目し、小中学生の思考力と表現力の問題について検討を行ってきた。

誤答例を中心に分析したところ、学んだ知識を様々な場面に適用して考える力、意見を表現する力が乏しいことがわかった。

本研究の成果は、学力テスト直後に問題の分析に着手し、記述回答の誤答の分析を質的に分析したことにある。しかし、抽出した事例は首都圏に限られていたため、全国的な傾向まで分析するには至らなかった。

また、方策の提案においても具体性を欠いていたところがあり、教育現場と十分連携を取りつつ、研究を進めていくことが今後の課題である。

例3"：仮説論証型の論文の場合

　本稿では、「学習者主体型の支援」の立場から、学生支援業務が大学職員のキャリア発達にどのように意味づけられるのかを、アイデンティティ発達論の知見をもとに明らかにしてきた。より充実した学生支援を行うためには、発達論の立場からの学生理解が必要であること、特に、大人への移行期にある大学生を支援していくためには、大学が修行や研修の場であることを職員が認識して業務に活かしていくことの重要性を指摘した。

　また、職員としてできることの限界、自己の有限性の自覚も必要であることを示唆した点は、本研究の成果と言える。一方で、学生が大学職員をどう見ているかについては分析していない。

　今後、大学職員としての業務を"学びのコミュニティ"に位置づけ、大学職員の専門性を確立していくためにも、今後の課題として検討していきたい。

ステップ5　　点検する

　論文の全体像を眺めるのは鳥の目で、細かい表現や文章作法を点検するのは虫の目で、両面から漏れなく点検しましょう。

　鳥の目では、特に論理の流れを、見出しや、パラグラフのトピック・センテンスをたどり、初めて読む人にも内容がすっと伝わるかどうかを読み手の立場から見渡してください。次に、虫の目で、語・文・文章のレベルでわかりやすく推敲してください。わかりやすい文章を書くためには第5章6節（pp.120〜124）を参照してください。

　さらに、付録4の自己点検評価シートを活用し、最終点検をしましょう。シートの評価指標は、論文を執筆する前にもしっかり確認しておきましょう。どのような点に注意したらよいか、書く前の心構えや、作業の段取りを行うのにも有効です。

5

調査や実験を実施する際の「研究倫理」について

　卒業論文や修士論文で社会調査や実験を実施する際には細心の注意を払う必要があります。

　調査や実験の社会的責任と倫理を正しく理解し、調査や実験対象者のプライバシーを保護し、協力者に不利益が被らないよう配慮する必要があります。

　たとえば、アンケート調査票には「調査ご協力へのお願い」として、調査の依頼状を添付し、調査の目的や方法、プライバシーを侵害することはないことを明記し、同意を確認して実施する必要があります。

　実験を行う場合も、実施前に、研究の意義や内容を説明し、了解を得ておく必要があります。対象が子どもである場合は、保護者や教育関係者の同意を得ておかなければなりません。無理に同意を強いる、勧誘するような行為は慎まなければなりません。

　それぞれの大学や学会では倫理要綱や実施規定を定めています。更新されている可能性もあるので、最新のものを熟読してください。一般社団法人社会調査協会ではホームページに倫理規程を掲載しているので参考にするとよいでしょう（https://jasr.or.jp/chairman/ethics）。

　余裕を持って、研究計画を立て、指導教員に相談し、許可を得てから実施するようにしましょう。

第 5 章

レポート・論文の作法を学ぶ

1　題名のつけ方………………………………100

2　定義の仕方…………………………………101

3　引用の示し方、文献リストの書き方……104
　　引用の種類と方法………………………104
　　出典の示し方……………………………107
　　注のつけ方………………………………107
　　文献リストの文末記載方法……………108

4　パラグラフの書き方………………………113
　　パラグラフとは…………………………113
　　書き方の基本……………………………113
　　日本語と英語のパラグラフの違い……114
　　パラグラフの構造と連結………………115

5　事実と意見を区別する
　　―記録物・報告書でも重要………………118

6　わかりやすい文章を書くために…………120

1 題名のつけ方

　題名は「顔」です。初めて会ったとき、顔を見て挨拶を交わすように、レポートでも論文でも、読み手はまず題名を見ます。

　題名は内容より大切です。と言ったら、言い過ぎかもしれませんが、実は、**題名のつけ方で、書き手の力量がある程度わかってしまいます。**

　また、論文は、書き終えていったん著者の手を離れたら、内容よりも題名が先行してひとり歩きします。論文を提出するにあたって作成する様々な書類には、題名を書きます。たとえ内容の要約を付していても、評価者は最初に題名を見ます。だから、題名はとても大事なのです。

　レポートや論文の題名は、内容の正確な要約です。そこが、小説とは大きく異なります。たとえば、夏目漱石による小説『坊っちゃん』は、「坊っちゃん」という端的な言葉の中に、読者へのメッセージが託されています。本の背表紙の題名を見て、書棚から取り出して読みたくなるような魅力、本のイメージをかきたてるインパクトが小説の題名には必要です。

　一方、レポートや論文の題名は、背表紙には書ききれないほど長い場合が通例です。それは**研究内容の要約**として、構成されているからです。

　主たる内容は、**主題、目的、対象、方法に関するキーワードで構成する**とよいでしょう。メインタイトルにすべて収める場合もありますが、たとえばメインタイトルに主題と目的を入れ、サブタイトルに対象と方法を示すというように、二段階で説明するやり方もあります。

〈**題名のつけ方の5つのポイント**〉

　①　題名、内容、要旨、キーワード、すべてに整合性があるかどうか。

　②　表現の仕方にも配慮が必要です。日本語は入れ子型構造になっていますから、特に修飾関係に注意を払ってください。長すぎる場合は、メインタイトルとサブタイトルに分けるとわかりやすくなります。

> メインタイトルに収めた長すぎる例：
> 「米国の医療事故防止のための教育におけるインシデントレポートの作成に関する考察」
> メインタイトルとサブタイトルに分けた例：
> 「米国における医療事故防止のための教育に関する考察——インシデントレポート作成を例として——」

　③　「**の**」の使い方にも注意してください。上述の例のように「の」でつないでいくこともできますが、1つの題名に「の」は2つまでと考えてください。それ以上になると修飾関係が曖昧になります。ほかの言葉に置き換えられるかを考え、修飾関係を明瞭にしましょう。

　④　読み手意識も重要です。語と語のつながり、切れ目がどう見えるか。たとえば、中黒［・］の使い方も注意してください。自分は並列のつもりで使っていても、読み手から見たとき、中黒が意味の切れ目に見えてしまうこともあります。

　⑤　適切な語彙の選択感覚も必要です。たとえば「における」「に関する」「に対する」「による」など、レポートや論文でよく用いる語彙を的確に使い分けるためには、題名のつけ方の様々な例を見て、日頃から感覚を磨いておくとよいでしょう。

2

定義の仕方

　レポートや論文の鍵となる用語（概念）の定義は正確に行ってください。では、定義する必要があるのは、どのような概念でしょうか。

　まずは、主題に関わる重要な概念です。しかし、主題とする概念はすべて定義する必要があるかと言えばそうではなく、次のような条件を持つ概念の場合に定義する必要があります。

定義する必要がある概念

　定義する必要があるのは、主題に関わる重要なもので、かつ次の条件を持つものです。

① 　いくつかの意味や解釈を持つ概念

② 　専門性が高く、説明を要する概念

③ 　社会的に定着していない概念

④ 　略語

　たとえば、井下（2008）[10] は、「書く力」を「文法知識や文章作法を基礎とする修辞能力だけを指すのではなく、ことばで思考し、ことばに表現することを通して自己を認識するという内的にして知的な行為」と定義しています。「書く力」は、多様な意味や解釈を持つ概念です。したがって、認知心理学の枠組みでどう捉えるのか、また、文章の書き方に関する指南書ではないということを、定義で示しておく必要があったからです。

　専門分野の定義には、一般的な認識と違いがある場合もあります。たとえば、経済協力開発機構（OECD, 2004）[11] では、「高齢労働者（older workers）」の定義を「50 歳以上の労働者」としています。日本人の一般的な感覚では、50 歳は働き盛りです。

　清家・山田（2004）[12] は、「日本で 50 歳といえば、まだ「中高年」という言葉で括ったほうがよいような年齢であり、実際に OECD も 50 歳をはっきりとした高齢労働者の区分でとらえているわけではない。しかし、多くの加盟国でほぼ 50 歳あたりから労働率の低下が起きること、そして国際比較のための便宜上、加盟国間で定義を揃えたほうがよいとのことで、こうした「高齢労働者＝50 歳以上の労働者」という定義を OECD では採用している」と述べたうえで、「実はこうした OECD の定義と、日本でわれわれが常識で考える「高齢労働者」のイメージの乖離こそが、日本における高齢労働者の特徴をよく表しているともいえる

---

10) 井下千以子（2008）『大学における書く力考える力——認知心理学の知見をもとに』東信堂.

11) OECD (2004) *Ageing and Employment Policies: JAPAN*, Paris, p.3.

12) 清家篤・山田篤裕（2004）『高齢者就業の経済学』日本経済新聞社.

のだが、そうした原因がどこからきているのかについては、この章を通じて明らかにしていくことにしよう」として高齢者の就業意欲の高さについて考察しています。

すなわち、日常的な認識と実態との違いに高齢者就業の問題の本質を見出そうとしている研究の切り口から、主題に関わる定義をどう捉えるか、研究の切り込み方と定義とは密接に関連していることがわかります。

さらに、定義においては、主題とする概念と類似した概念との違いを整理したうえで、概念と概念の関係性を明確に述べることも重要です。たとえば、太田（2010）[13] は、フリーターとニートという類似した概念を整理し、現代の若年者が抱える就業問題の一端を明らかにしています。

フリーターとニートは日常的に使われている言葉ですが、省庁や研究機関によって定義が異なり、さらには同じ省庁が幾度か定義を変更するなど、定義の変遷に時代の影が映し出されていることがわかります。

太田（2010）によれば、フリーターとは、「フリー（自由）」「アルバイター（アルバイトする人の意）」を組み合わせた和製造語で、すでにバブル期には認知されていたといいます。フリーターという言葉の背後にある考え方は、「自発的選択」と「短期性」という、2 つのキーワードでまとめることができます。

ところが、バブルは崩壊し、長期不況に陥ると、「正社員になりたくてもなれないフリーター」がクローズアップされるようになります。ついに、2010 年の『労働経済白書』から「フリーター」という言葉は姿を消し、その代わりに「非正規の職員・従業員およびその希望者」という概念が登場します。

一方、2004 年前後から、仕事を探していない無業の若者を、「ニート」と呼ぶようになります。Not Education, Employment or Training の頭文字 NEET をとった略語で、その発祥はイギリスにあります。

求職者は失業者と類似概念で、ニートの範疇から除かれるので、「非求職者」と「非希望者」がニートを構成することになります。ニートが仕事を探していない理由を調べると「探したけど見つからない」「希望

13）太田聡一（2010）『若年者就業の経済学』日本経済新聞出版社.

第 5 章　レポート・論文の作法を学ぶ

する仕事がなさそう」など、不況による就職状況の悪化、良い仕事の減少がニート増加の背景にあることがわかります。

こうして詳しく見ていくと、「フリーター」という言葉を最近、使わなくなったことをあらためて認識し、その背後には若者が置かれている就業状況の厳しさが伝わってきます。また、「知識・能力に自信がない」という若者がニートを生み出しているとも言われており、学校教育や職場環境のあり方が問われています。

このように、フリーターとニートという概念は、時代の影響を真っ向から受ける流動的な概念です。若者の雇用問題として体系的に位置づけ、現実を見据え、定義を正確にしていくことがいかに重要であるかがわかります。

定義するうえでの留意点

　論文執筆にあたっては、定義する必要がある概念の条件をよく理解したうえで、次の３つのことに留意しましょう。

① 関連資料を調べ、正確に定義する。
② 類似した概念の違いや、関係性を整理する。
③ 自分のレポートや論文での位置づけを明確にする。

3

引用の示し方、文献リストの書き方

引用の種類と方法

　引用には、直接引用と間接引用、長い引用の仕方があります。

　① **直接引用**は、著者の述べた文章をそのまま、全く変えずに引用し、その部分を「　」で括ります。ただし、引用文が句点［。］で終わっていても、句点は記載しない。著者名は、名字だけ書き、続けて出版年を（　）の中に入れます。本文が記載されているページは、専門分野により、書く場合と、書かない場合があります。

例1：
　佐伯（1986）は「すぐれた研究者の研究の動機というのは、どこかで日常性の世界としっかり結びついており、学問の専門性と日常性をいったり来たりできるチャネルがしっかりしているのである」と述べている。

例2：
　優れた研究者の研究動機について「どこかで日常性の世界としっかり結びついており、学問の専門性と日常性をいったり来たりできるチャネルがしっかりしているのである」と述べている（佐伯、1986、p.11）。[または（佐伯、1986:11）。]

②　**間接引用**では、「　　」は使わず、本文の内容を要約して引用します。

　佐伯（1986）は、優れた研究者の研究動機とは、日常性の世界と学問の専門性がしっかり結びつき、その間をいったり来たりできることにあると述べている。

③　**長い引用**で、直接引用する場合は、2〜3文字、行頭から下げ、その箇所が引用であることを示します。引用文の文字の大きさ（ポイント）を下げて記載する例もあります。

　おもしろい研究について、佐伯（1986）は次のように述べている。

　　だれが見てもおもしろいという研究には、事実としてそれだけの内容が含まれているし、おもしろい理由が明かされた途端に、今まで「おもしろくない」と思われていた研究も、「おもしろい」研究にカウントされることもありうる。
　　つまり、研究内容のどこがなぜおもしろいのかが、すべての人にはじめから自明だというわけではない。誰かが「それはおもしろい」と評価し、その根拠をめぐっていろいろな議論が加えられて、おもしろさがそれなりに説得性をもつことがわかってきて、それで多くの人が納得する、というケースが多い。本当におもしろい研究とは、そのようにして「発掘」されるものである。

④　長い引用で、引用文の途中を省略する場合は、［中略］を入れます。また、段落を省略する場合は、 / を書き入れます。

> おもしろい研究について、佐伯（1986）は次のように述べている。
>
>> だれが見てもおもしろいという研究には、事実としてそれだけの内容が含まれている［中略］ / つまり、研究内容のどこがなぜおもしろいのかが、すべての人にはじめから自明だというわけではない。誰かが「それはおもしろい」と評価し、その根拠をめぐっていろいろな論議が加えられて、おもしろさがそれなりに説得性をもつことがわかってきて、それで多くの人が納得する、というケースが多い。本当におもしろい研究とは、そのようにして「発掘」されるものである。

⑤　書名を使って引用する場合は、書名を『　』で括り、著者名、出版年を明記します。

> 『認知科学の方法』（佐伯胖、1986）によると、おもしろい研究とは……という。

⑥　強調をする箇所には、<u>傍線</u>、または傍点をつけ、（　）の中で強調であることを説明します。

> 佐伯によると、おもしろい研究は<u>発掘</u>されるのだという（傍線筆者、佐伯、1986、p.3）。

⑦　引用に使われる表現

> ……は、……と述べている。指摘している。示唆している。論じている。明らかにしている。……だという。
> ……によれば、……によると、

⑧　孫引きについて

原書が入手不可能なときや、語学上の理由で読めないとき、他の文献に引用されている文献から引用することを「孫引き」といいます。そうした場合には、文献リストに下記のように記しますが、孫引きはできる

106

だけしないようにしましょう。

> Bruner, J. S.（1961）*The Process of Education*, Harvard University Press.
> （佐伯胖他（1998）『心理学と教育実践の間で』p.○からの重引）

出典の示し方

本文中での出典の示し方は、以下の通りです。

①　出版年は、自分の原稿で引用した版を記載してください。本の奥付（本の一番最後の頁）に記載されています。重版されていれば、一番古い年を書いてください。

②　注に、出典を示す場合は、本文中に、注の番号を書き入れてください。

> 山田は、「……」と述べている [1]。

③　レポートや論文の最後に、一括して文献リストを記載する場合は、本文中に出版年を書き入れてください。

> 山田（2012）は、「……」と述べている。

④　同年に、同じ著者の複数の引用がある場合は、出版年のあとに、小文字のアルファベットを記入し、文献リストに記載する際に区別してください。

> 山田（2010a）は、「……」と述べている。
> 山田（2010b）は、「……」と述べている。

注のつけ方

注のつけ方は専門分野によって異なります。注が重要な意味を持つ分野と、分野によってはほとんど注をつけないこともあります。それぞれの分野の考え方と執筆規定を理解したうえで、適切に行う必要があります。

以下のことを踏まえておくとよいでしょう。

①　本文の議論の流れからは外れてしまうけれども、説明しておく必要がある場合は、注に書きます。

②　脚注といって本文の該当頁の最下段に挿入する方法と、本文の最後にまとめて文献リストの前に示す方法（後注）があります。

③　注を制限字数に含めないという執筆規定がある場合は、注で細かな説明を行います。

●論文での説得力を高めるために、「これについては、これだけ知っています。調べました」というように主張の根拠となる証拠を示します。

●反論への防衛のために説明を加えます。

④　専門分野によっては、ほとんど注をつけない場合もあります。たとえば心理学の論文では、ほとんどの場合、注はつけずに本文の中で述べます。

ただし、調査を実施した質問紙票などは、本文の最後に、付録として載せます。

⑤　後注は p.111 に示した例のように記載してください。

文献リストの文末記載方法

①　専門分野によって、文献リスト記載方法には違いがあります。本文中で引用した文献のみを引用文献としてリストを作成する方法が一般的ですが、参考・引用文献と両方を記載する例もあります。

②　日本語と英語の文献を分けて記載する場合は、日本語の文献は五十音順、英語の文献はアルファベット順に記載します。日本語と英語の文献を混ぜ、著者名のアルファベット順に記載する APA（American Psychological Association）スタイルを用いる分野もあります。

③　文中で示した肩番号（1）（2）…の順番に記載する方法と、文中では番号をつけずに、著者の名字と出版年だけを示しておいて、文末で一括記載する方法（p.112）があります。

④　同じ著者の文献を複数回、引用する場合は、次のように行います。

（5）井下、前掲書、2008、p.36。

（1）文献リストの記載方法
〈単行本の場合〉

　著（編）者、発行年、書名、出版社の順に記載します。

① 著者が 1 人の場合

太田聰一（2010）『若年者就業の経済学』日本経済新聞出版社 .

② 著者が 2 人の共著の場合

清家篤・山田篤裕（2004）『高齢者就業の経済学』日本経済新聞社 .

③ 著者が 3 人以上の共著の場合

井下千以子他（2004）『思考を育てる看護記録教育――グループ・
　インタビューの分析をもとに――』日本看護協会出版会 .

④ 編著の場合

東北大学高等教育開発推進センター編（2009）『大学における「学
　びの転換」と言語・思考・表現』東北大学出版会 .

⑤ 編著で分担を示す場合

　執筆者、発行年、論文名、編者名、書名、出版社、頁数の順に記載し
ます。APA スタイルでは、頁数の前に「p.」は記載しませんが、執筆規程
によって、単頁は「p.2」、複数頁は「pp.2-35」と記載する場合もあります。

井下千以子（2010）「学士課程カリキュラム・マップに見る「学び
　の転換」と「学びの展開」――Writing aross the curriculum と FD
　――」東北大学高等教育開発推進センター編（2010）『大学にお
　ける「学びの転換」と学士課程教育の将来』東北大学出版会，
　28-40.

109

〈**雑誌論文**の場合〉

　著者名（発行年）「論文題目」『雑誌名』巻（号），掲載頁.

　24 巻 2 号 , pp.76-84. と記載する方法もありますが、APA スタイルで
は下記の通り、数字のみ記載します。

> 井下千以子（2002）「考えるプロセスを支援する文章表現指導法の
> 　提案」『大学教育学会誌』24（2），76-84.

〈**論文集**の場合〉

> 井下千以子・柴原宜幸（2010）「知識変換型ライティングの指導に
> 　関する研究――ラーニング・ポートフォリオにおける「学びの根
> 　拠」の分析――」『日本教育心理学会大会論文集』，524.

〈**翻訳書**の場合〉

　原著のあとに、翻訳書を記載します。なお欧文の著者名は Vanghn,
S. のようにファミリーネームを先に付すのが一般的です。

> Vanghn, S., Schumm, J.S. & Sinagub, J.M. (1996) *Focous Group Interviews*
> *in Education and Psychology* ／井下理監訳、田部井潤・柴原宜幸訳
> （1999）『グループ・インタビューの技法』慶應義塾大学出版会.

〈**新聞記事**の場合〉

> 日本経済新聞（2012）1 月 18 日付朝刊「東大、秋入学に全面移行
> 　早期実現を提言　産業界に協力要請」.

〈**インターネット**から引用した場合〉

> 朝日新聞社・河合塾（2011）「ひらく　日本の大学」（http://www.
> asahi.com/edu/hiraku/）（2012 年 8 月 20 日閲覧）.

　他に、〇年〇月〇日<u>アクセス</u>または、<u>参照</u>と記載する例もあります。

110

【注意】〈**インターネット**の引用で **URL** と**閲覧日**を記入する場合〉

引用文献リストに、URL と閲覧日を記入するのは、官公庁や企業のホームページなど、書き換えの可能性がある情報のみです。**論文や新聞記事は、ネットで検索し閲覧した場合でも URL と閲覧日を記入する必要はありません**。論文や新聞には書き換えがないからです。

（2）図表の出典記載方法

出典を明記する方法は 2 つあります。1 つは、図表の下に題名の文字より、ポイントを小さくして表記する方法です。もう 1 つは、タイトルの横に、著者名と発行年を表記する方法です。後者の場合は、該当する資料の情報を文献リストに加えましょう。

また、表の題名は表の上に、図の題名は図の下に記載します。

表 1　○○○

出典：井下千以子（2008）『大学における書く力考える力』東信堂.

図 1　○○○（井下，2018）

（3）文献リストの書き方と注の文末記載例

下記の注の記入例と、p.112 の引用文献リストの書き方の例を参照してください。

〈注の記載例〉[14]

注は、引用文献リストの手前にまとめて文末記載する方法と、該当箇所の下段に脚注として挿入する方法があります。pp.107-108 参照。

注
（1）高校卒業から大学への入学、あるいは大学卒業から大学院への進学までの期間を、英語圏ではギャップイヤー（gap year）と呼び、ギャップタームは和製英語であるとの指摘もあるが、本稿では、東京大学の報告書『将来の入学時期の在り方について』に沿って、高校卒業から大学入学までの約半年の期間を表すことばとして、ギャップタームを用いる。

【重要】本文中の引用・引用文献リストのフォーマットは p.68 〜 69 を参照。

〈引用文献リストの書き方：APA スタイルで記載した例〉[14]

文献の順番は、APA（American Psychological Association）スタイルに準じて<u>アルファベット順</u>とする。

引用文献

天野郁夫（2012）「学年制と秋入学を考える」『IDE 現代の高等教育』541, 12-19.

Barr, R. B., & Tagg, J. (1995). From teaching to learning: A new paradigm for undergraduate education. *Change, 27*(6), 12-25.

Barkley, E. F. (2005). *Collative Learning Techniques: A handbook for college faculty*, John Wiley & Sons, San Francisco. 安永悟監訳（2009）『協同学習の手引き――大学教育の手引き』ナカニシヤ出版.

中央教育審議会「学士課程教育の構築に向けて（答申）」(https://www.mext.go.jp/component/b_menu/shingi/toushin/__icsFiles/afieldfile/2008/12/26/1217067_001.pdf)（2012 年 1 月 6 日閲覧）.

日本経済新聞（2012a）1 月 21 日付朝刊「社会全体で考えたい秋入学」.

日本経済新聞（2012b）2 月 20 日付朝刊「秋入学，変革のうねり 大学開国　1」.

小此木啓吾（1978）『モラトリアム人間の時代』中央公論社.

山田礼子（2010）「初年次教育の現状と展望」大学教育学会30周年記念誌編集委員会編『大学教育 研究と改革の30年』東信堂, 29-48.

〈**学術雑誌論文**の場合〉
著者名（発行年）「論文題目」『雑誌名』巻（号），掲載頁.

〈**英文雑誌論文**の場合〉
著者名（発行年）論文題目，雑誌名（イタリック体），巻（号）数（巻数はイタリック体），掲載頁.

〈**翻訳書**の場合〉
原著者名（発行年）．書名（イタリック体），発行所，発行地．訳者名（翻訳書発行年）『翻訳書名』翻訳書の出版社名.

〈**インターネットや省庁ホームページ**からの引用〉
掲載元「ページの見出し」（URL）（引用者の最新閲覧日）.
<u>※学術論文や新聞をインターネットで検索した場合は URL と閲覧日を記載する必要はない。p.111 参照</u>

〈**新聞**の場合〉
新聞名（発行年）日付, 朝刊「見出し」

〈**同著者で発行日が同年**の場合〉
（発行年 a），（発行年 b）とする

〈**単行本・書籍**の場合〉著者名（発行年）『書名』出版社名.

〈**単行本の特定の章**の場合〉
章の著者名（発行年）「章の題目」収録されている単行本の編者名『書名』出版社名, 掲載頁.

---

14) 井下千以子（2013）「入学前教育の動向と課題――ギャップタームをどう活かすのか」『初年次教育の現状と未来』世界思想社. における注ならび引用文献リストを改変して作成した。

4

パラグラフの書き方

パラグラフとは

　パラグラフとは、いくつかの文が集まって、意味のまとまりを示したものです。日本語の段落は、パラグラフの概念を輸入したものであり、一区切りの文の集合として用いられてきましたが、概念も用法も漠然としているといわれています [15]。

　それに対し、英語のパラグラフの基本的な考え方は、自分の主張を読み手（audience）に明確に伝え、読み手を納得させることにあります。

　英語のパラグラフの構造は、次の3つの要素から成り立っています [16]。

① **トピック・センテンス**（topic sentence）：話題と主張を述べる
② サポート・センテンス（supporting sentences）：①の裏づけ
③ 結びの文（concluding sentence）：結論を述べる

書き方の基本

　英語のパラグラフの概念を理解し、書き方を学べば、論理の構造を読み手に明確に示すことができるようになります。書き方は、次の4点にまとめられます。さらに、図13や例文（pp.116～117）を参考にすれば、パラグラフの構造を具体的に理解することができます。

① パラグラフの冒頭は、1文字分、空けて書き始める。
② 1つのパラグラフに、トピック（話題）は1つだけにする。トピック・センテンスを読めば、話題と主張が明確にわかるようにする。
③ 次のサポート・センテンスが、主張を裏づける役割を果たす。

---

15) 前掲書．木下（1994）『レポートの組み立て方』pp.180–181.
16) 上村妙子・大井恭子（2004）『英語論文・レポートの書き方』研究社.

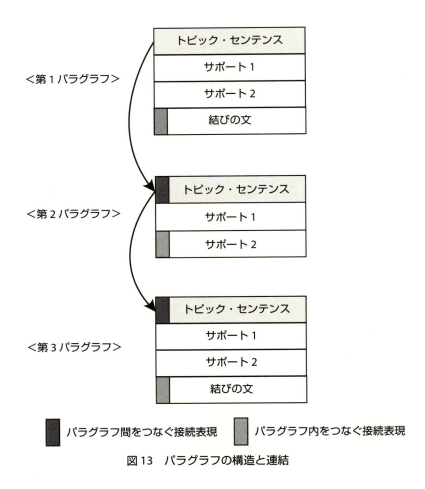

図13　パラグラフの構造と連結

④ 適切なつなぎの言葉（接続表現）を用いることによって、パラグラフが連結し、パラグラフ内もパラグラフ間も論理の流れが一貫し、論理的な構造を明確に示すことができる。

日本語と英語のパラグラフの違い

　このように、パラグラフはレポートや論文の構造を明確にするうえで重要な役割を担っていますが、一方で、英語と日本語では本質的な違い

があることも指摘されています [17]。英語は SVO 型であるのに対し、日本語は SOV 型であり、頭の中で考える時も同じ順序だとすれば、トピック・センテンスをパラグラフの最後に置く方が書きやすいこともあるという指摘です。

したがって、トピック・センテンスはパラグラフの冒頭に持ってくるという基本の型を学習したうえで、論理の流れによっては末尾に置くこともあると理解しておけばよいでしょう。

パラグラフの構造と連結

では、パラグラフの構造と連結を、pp.116〜117 の例文で確かめてみましょう。例文の話題は、青年期についてです。第 1 パラグラフのトピック・センテンスでは、「青年期は、人間の一生涯において、子ども期を終えた人に必然的、生得的に訪れる一時期というわけではない」と問題提起しています。それを裏づける証拠がサポート 1、2 で述べられ、結びの文では、青年期は「近代化の産物」であると結論づけられています。

さらに、第 2 パラグラフで、第 1 パラグラフをサポートする証拠が引用によって示されています。第 3 パラグラフでは、社会が複雑になると青年期が延長されることが述べられています。

このように、3 つのパラグラフが、つなぎの言葉によって、パラグラフ内もパラグラフ間も連結し、話題が発展していく構造が明瞭に読み取れます。パラグラフの基本的な概念、構成要素、構造を理解し、レポートや論文に取り入れていくことによって、主張が一貫し、論理的かつ説得的に読み手に伝えていくことができるようになります。

パラグラフについては付録 2 でも解説していますので参考としてください。

17）前掲書．木下（1994）pp.186–187.

〈パラグラフの書き方〉

＜第1パラグラフ＞

　①大学生は、生涯発達心理学における発達区分からすると青年期に位置するのだが、実は、青年期は、人間の一生涯において、子ども期を終えた人に必然的に訪れる一時期というわけではない。②他の動物にも、太古の人間にも、生物学的に若い時期というのはあるが、青年期はそうした生物学的な発達段階を示すものではない。③たとえば、文化人類学者のミードは南太平洋にある島国サモアに住む若者には心理的葛藤や不適応はほとんど見られないとし、文明社会のあり方が青年の不安をつくり出したと指摘した。④とすると、青年期は歴史的社会的背景のもとに誕生した「近代化の産物」ということになる（遠藤、2000）。

> パラグラフの冒頭は、1文字分■、空けて書き始める

> ①トピック・センテンス
> 話題：青年期とは
> 主張：人間の一生に必然的に訪れるのではない

> ②サポート1：他の

> ③サポート2
> つなぎの言葉：たとえば

> ④結びの文
> つなぎの言葉：とすると

＜第2パラグラフ＞

　①たとえば、デービス（1944）は青年期について次のように述べている。②青年期は身体的発達と社会的発達とのズレがはじめて顕著になる時期である。③社会が複雑になるにつれて、このズレは大きくなり、社会的に定義された青年期が生物学的大人期まで入り込んでくる。

> ①トピック・センテンス
> つなぎの言葉：たとえば
> 話題：青年期とは

> ②サポート1
> 身体的発達と社会的発達とのズレが顕著になる時期

> ③サポート2：
> つなぎの言葉：この

116

＜第3パラグラフ＞

■①つまり、青年期にある若者は身体的にはすでに大人になっているが、社会が複雑になると大人になることが先延ばしされるというのである。②たとえば、わが国の進学率の推移をみても1950年代から1980年代に掛けて高校への進学率は40％から98％まで急激に増加しており（天野、1992）、学校教育によって社会に出て働き一人前になること、すなわち大人になることが先延ばしされていることがわかる。③さらに、大学がユニバーサル型に移行することによって、学校基本調査によると、大学進学率は2009年には5割を超えた。④これにより、大人になることはさらに先延ばしされるようになった。

①トピック・センテンス
つなぎの言葉：つまり
話題：青年期とは
主張：社会が複雑になると大人になることが先延ばしされる

②サポート1
つなぎの言葉：たとえば、すなわち、

③サポート2
つなぎの言葉：さらに

④結びの文
つなぎの言葉：これにより

第5章　レポート・論文の作法を学ぶ

117

5

事実と意見を区別する
―記録物・報告書でも重要

　意見の記述で大切なことは、精選した情報を証拠資料として、自分の意見を裏づけること、事実（情報）と意見（判断）を明確に区別することです。したがって、事実と意見は書く（記録する）ときも書いたもの（記録物）を読むときも、峻別することを意識することが大切です。

　では、例文をもとに検討してみましょう。

---

　a)　携帯電話は、情報端末の１つである

　b)　携帯電話は、生活に必要不可欠なツールである

　c)　携帯電話は、インターネット接続サービスにより、情報端末へと進化することによって、生活に必要不可欠なツールとなった

　d)　ソフトバンクの孫正義社長は、スマートフォンの登場により「動画を撮る人が10倍以上になり、地図を見る人が3倍になるだろう」と述べている（2009年6月29日会見）

---

a) は、書き手の判断が加わらない情報を述べた文（事実）です。

b) は、「である」という断定の文末表現を用いていますが、「必要不可欠な」という書き手の価値判断を述べた文（意見）です。

c) は、携帯電話の必要性について、根拠を明示して意見を述べた文です。

d) は、「　」の中の発言内容は孫社長による推測（意見）ですが、文全体は孫社長が述べたということを客観的に報告した文（事実）です。

　注意を要するのは b) の文です。b) の文には、書き手の判断が入っています。誰にとっても必要不可欠かどうかはわかりません。b) を自分の意見として述べるのであれば、文末表現を「と考える」とし、はっ

きりと自分の意見だと言い切るべきでしょう。

b）'携帯電話は、生活に必要不可欠なツールであると考える。

それに対し、c）の文は、必要不可欠と判断する理由が具体的に示されており、より説得的に内容が伝わってきます。さらに、厳密に述べるとすれば、

c）'携帯電話は、インターネット接続サービスによって、情報端末へと進化し、多くの人々の生活において必要不可欠なツールとなった。

とし、すべての人に必要不可欠なわけではなく、限定的であることを示して、書き手個人の主観的判断ではないことを明確にすべきでしょう。

　したがって、事実と意見を区別し、より正確に、説得的に述べるためには、次の3点に留意しましょう。

---

① 事実（情報）を述べる文か、自分の意見（判断）を述べる文か、その違いを明確に認識し、区別して書く。

　●情報を述べる文には、**主観的な修飾語を混入させない**。

　●自分の意見を述べる文では、意見を裏づける**明確な根拠を示す**。

② 他者の言葉（他者が調べた情報や他者の意見）と、自分の言葉（自分が調べた情報や自分の意見）を明確に区別して書く。

③ 意見を裏づける根拠は、具体的であるほど情報の価値が高く、説得的に意見を述べることができる。

6

わかりやすい文章を書くために

　多くのレポートの書き方のテキストには、一文一義文、つまり1つの文で1つの内容を表そう、文は短くしようと書いてあります。たしかにマニュアルや規則書であれば、文は短いほうが、単純明快でわかりやすいでしょう。

　しかし、すべての文章において、短いほうがいいとは限りません。あるまとまりを持ったことを言おうとするとき、文をブツブツと短く区切っていると、接続詞や繰り返しが増えて、本来、意味するところが伝えにくい場合もあります。

　また、間接引用をする場合は、一文で述べる必要があり、途中で文を区切ることが難しくなります。たとえば、次のような文です。

　　　ライッシュ（1991）によれば、アメリカの教育体系は人口の大部分について平均的な能力をあげることに成功していないものの、高度人材の養成については成功しており、これがアメリカの国際的な競争力の中核となっているという。（102文字）

　では、わかりやすいレポート・論文を書くにはどうしたらよいでしょうか。

（1）読み手意識を持つ

　まずは、読み手の視点を持ち、読み手だったらどう読むかを意識することが大切です。読み手がレポートの評価者、つまり先生であれば、どう読むか。テーマ設定が自由である場合、先生の専門分野外の内容をどこまで説明する必要があるか。レポートのあとでプレゼンテーションがあるとしたら、わかりやすいプレゼンテーションとするためには聞き手

の知識や関心も視野に入れておくこと。わかりやすい内容とするために
は、読み手や聞き手の知識の分析（audience analysis）が必要でしょう。

（2）まめにプリントアウトすること

　パソコンの画面ではわからない間違いや文章の問題は、プリントアウ
トして読み直すことで発見できます。書きかけの段階で何度もプリント
アウトしてください。さらに、プリントアウトしたものを机の上に並べ
てみましょう。文章の構造、階層構造を一目でチェックすることができ
ます。見出しはゴシック体で、本文は明朝体にしておけば、さらにわか
りやすくなります。

（3）適切な表現か、正しい日本語かをチェックする

　語、文、文章、文体のそれぞれのレベルで、適切な表現がされている
か、正しい日本語が使用されているかをチェックしましょう。

〈語（言葉）の選択〉

① 　自分の言いたいことは何か、ピッタリとあてはまる言葉（語）選び
　　も重要です。テーマに関する用語であれば明確に定義する必要があ
　　ります。

② 　同じ表現の繰り返しにも気をつけましょう。いつも、文末が「…が
　　わかった。…がわかった」とするのでなく、「…が明らかとなった」
　　とか「…が示唆された」など様々な表現を他の論文をモデルとして、
　　適切に表現するようにしましょう。

〈文の構造〉

① 　主述不一致文になっていないか。主語と述語が離れている場合、主
　　語に対応する述語はどれか。ねじれた文になっていないか。外国語
　　をチェックするように確かめてください。

② 　日本語は入れ子型構造で、主語の前の修飾節が長い場合があります。
　　「の」でつなぐのは、2つまでにしましょう。

〈文章の構成〉

① 　章や節に内容を表す適切な見出しがついているか。

第5章　レポート・論文の作法を学ぶ

121

② 章立て、それに続く節が、階層構造を成しているか。

〈文体〉

① レポート・論文の文末は「である」体に統一して書きます。「です、ます」体は使いません。

② 話し言葉である「じゃない」「とても」などは使いません。「ではない」「非常に」と書き言葉で書きましょう。

(4) 話し言葉や作文で使う表現と区別する

　話し言葉や作文で使う表現で、レポートや論文にはなじまない、適切ではない表現があります。表9に、副詞的表現と形容詞的表現とその用例を示しました。表10は、レポートや論文でよく使う接続表現と文末表現を、表11は数量や変化に関する表現の例を示しました。

表9　レポート・論文で使う副詞的表現と形容詞的表現

	話し言葉・作文で使う表現	レポート・論文で使う表現	用例
副詞的表現	すごく	非常に	非常に効果が高い
	とても	著しい	著しく人口が減少している
	超	極めて	極めて解決が難しい問題である
	だんだん	次第に、徐々に	経済は徐々に回復傾向にある
	いつも	常に	常に意識する必要がある
	たぶん	おそらく	おそらく、他に例はないだろう
	全然	全く	全く改善の余地がない
	どっちも、どちらも	いずれも	いずれも、同様の結果が見られた
	どれくらい	いかに	いかに、多いか判断できる
形容詞的表現	たくさんの	多くの	多くの若者が苦慮している
	いろいろな	様々な	様々な職種に見られる
	こんな	こうした	こうした実情が明らかにされた
	どんな	どのような、いかなる	いかなる行為も許されない
その他	…とか	…など	消費税の値上げなどが原因にあげられる
	…しか（ない）	…にすぎない	賃金の上昇はわずかにすぎない

表 10　レポート・論文で使う接続表現と文末表現

	話し言葉・作文で使う表現	レポート・論文で使う表現
接続表現	それから	また
	それで	その結果
	だから	したがって
	でも	しかし
	だけど	だが
	じゃあ	そこで
	だって	なぜなら
	言いかえると	すなわち、つまり
	付け加えると	なお
	他では、…	一方…。一方で…。他方…。それに対し…
	はじめは…。そして…。それから…	まず…。次に…。さらに…
	一つは…。二つめは…。三つめは…	第一は（に）、…。第二は…。第三は…
文末表現	…と言っています	…と述べている。主張している。指摘している
	…がわかりました	…が明らかになった。示唆された
	…（の問題）を考えます	…（の問題）を検討する。考察する。分析する
	…でしょう	…であろう
	…しましょう	…しよう
	…かもしれない	…の可能性がある
	…じゃない	…ではない
	…てる（例：減ってる）	…ている

表 11　数量や変化の説明に使われる表現

		表現の仕方		用例
数量の表現	量を表す	多い	少ない	昨年の志願者数より多い
		大きい	小さい	景気の伸びが小さい
		重い	軽い	経営陣の責任は重い
	数値を評価する	過大評価	過小評価	
		上回る	下回る	今年の売り上げは昨年より下回った
		上る	満たない	受講者数が 5 名に満たない
		超える	切る	スマホの 20 代の利用者は 9 割を超えた
		達する	割る	人口が 100 万人に達した
		及ぶ	なる	移民の数は 2 万人に及ぶ
		上向く	下向く	景気が上向き、市場は活気づいてきた
変化の表現		増加する	減少する	SNS の利用者は増加している
		拡大する	縮小する	市場規模は拡大している
		上昇する	低下する	例年平均気温が上昇している
		著しい	鈍い	信頼は著しく低下している
		傾向にある		入学者数は増加傾向にある
		頭打ちになる		人口の増加は頭打ち状態だ
		横ばい状態になる（ある）		利用者数は横ばい状態にある
		先細りする		輸出量は先細りしている

第6章

プレゼンテーションを成功させる

1 プレゼンテーションのポイント…………126
　プレゼンテーションとは何か…………126
　なぜ、プレゼンする必要があるのか…126
　プレゼンテーションのための準備……127
　成功させるためのポイント……………127

2 パワーポイントの作成……………………130

3 レジュメの作成……………………………131

1

プレゼンテーションのポイント

プレゼンテーションとは何か

プレゼンテーションとは英語の"presentation"ですが、いまやプレゼンと略され、定着しています。広辞苑［第7版］によれば、「会議などで計画・企画・意見などを提示・発表すること。プレゼン」とあります。大学の授業や研究者の発表というより、むしろビジネスで用いられることを想定した意味とも読み取れます。

そこで、本書ではプレゼンを広義に捉え「人前で口頭で発表すること」と定義することとします。

なぜ、プレゼンする必要があるのか

文字や文章だけで伝わらないことを口頭で伝えます。口頭だけでなく、身振り手振り、アイコンタクトなど身体で聞き手に伝えるコミュニケーションといってもいいでしょう。授業でも研究でもビジネスでも「相手に説得に伝える必要があるとき」にプレゼンは効果を発揮します。

主な目的は次の3つであり、それらが複合的に含まれています[18]。

       1. 情報を提供する。

       2. 問題を分析して伝える。

       3. 新たな提案をする。

プレゼンの目的を明確にした上で、聞き手の立場から内容を組み立てて準備していきましょう。要点をまとめ、パワーポイントなどの視聴覚機器を使いこなせば、より効果的です。

---

18) 松本茂「プレゼンテーションの方法」松本茂・河野哲也（2007）『大学生のための「読む・書く・プレゼン・ディベート」の方法』玉川大学出版部を一部改変.

プレゼンテーションのための準備

　プレゼンテーションを成功させるためには、決められた時間内に、自分の主張を、説得力を持って伝える準備をすることが大切です。どんなにりっぱなレポートや論文を書き上げたとしても、準備なし、練習なしに、最初からうまくプレゼンテーションはできません。

　プレゼンテーションのための準備は、発表内容がすでにできている場合とできていない場合とでは異なります。

（1）書き上げたレポート・論文を発表する場合

　授業やゼミのレポート、卒業論文や修士論文を提出したあとでその内容を発表する。学会発表する。これらは、すでに発表のもととなる内容はすでに執筆しています。発表日、制限時間、発表の目的、聞き手の既有知識を考慮し、内容を絞り込んでください。特に論文の口頭発表が卒業要件となっている場合は準備を整えてください。

（2）内容を作成して発表する場合

　授業やゼミ、研究会で、レポートを提出する必要はなく、テーマを自分で決め、発表することが課題となっている場合、あるいは卒業論文、修士論文の中間発表など、内容がまだまとまっていない場合は、発表日まで十分に時間を取り、内容を作成してください。特に論文の中間発表の場合は、これまでの研究成果と、完成までの課題を明確にしましょう。

成功させるためのポイント

　プレゼンテーションを成功させるポイントは3つあります。

（1）話す内容を絞り込む

●時間内に話し終えるように、最も言いたいことを絞り込む。

●どの順番で話したらわかりやすいかを考える。

●「この順番で、こんなことを話します」とプレゼンテーションを始める前に一言、付け加えると、聞き手は聞く準備ができる。

(2) 原稿は作っても、読まない

●原稿は、1分間で話す分量を250字程度とし、です・ます体で書いておく。

●当日の発表では、用意した原稿を棒読みするのではなく、ポイントをスライドで確認し、内容を頭で考えながら話すと、自然体で語りかけることができる。

聞き手とのアイコンタクトが大切です！

●聞き手の様子を見て、声の大きさやスピードを調整する。

＊初めは難しいと感じるかもしれませんが、準備をし、練習をし、場数を踏んで、慣れればできるようになります。

(3) 当日は、時間を計るツールを持参する

●時計やストップウォッチなどを持参する。あるいは、スマートフォンのタイマーの機能を使って、自分で時間を管理するとよい。

図14ではプレゼンテーションの準備の流れを示しました。

図15は、スライドの例です。小さい文字で見えない場合は口頭で説明する。または配布資料を準備しましょう。

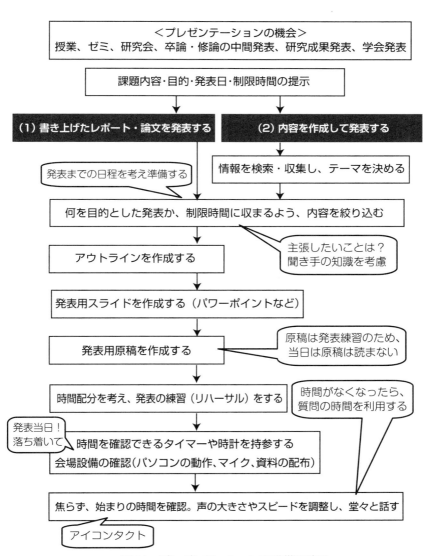

図14　プレゼンテーションの準備の流れ

2 パワーポイントの作成

スライドはパワーポイントで作成するのが一般的です。制限時間を考慮してスライドを準備し、余裕を持って伝えましょう。

> 発表の冒頭で概要を記したスライドを使って、内容の予告をするとよい。大事！

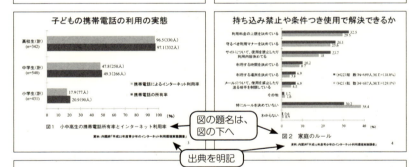

図15 スライドの例

3

レジュメの作成

　発表にあたっては参加者全員に資料を配布する必要があります。大見出し、小見出しをつけて階層化し、話の内容を構造的に示しましょう。

　また、スライドでは読みにくい細かな資料があれば、配布資料として添付するとよいでしょう。

　もちろん資料には出典を明記し、ホームページのアドレス、検索した日付も入れておく必要があります。

　図16に例を示しましたが、スライドを図15のように、そのまま配布資料の形式でプリントアウトし、用いることもあります。なお図16は付録3と対応しているのであわせて参照してください。

初年次からのキャリア教育

――アイデンティティ・ステイタスを用いた分析の効果――

○○学部　○年　名前○○○○

1．問題の背景

　日本経済が長期不況に陥ってから、若年者の雇用環境は悪化の一途を辿っている。大学教育においても、出口の就職斡旋活動だけでなく、キャリア教育は拡大化している。しかし、内実は教育方法は未整備のまま、学士課程カリキュラムとの連関も明確ではない。

　一方、心理学の領域におけるキャリアに関する研究は、大学生を対象とした実証的な調査研究も進んでいるが、理論を体系的な教育プログラムとして展開するまでには至っていない。

2．目的

　大学1、2年生を対象としたアカデミック・キャリアガイダンス科目において、学生に自分のキャリア意識について考えさせるツールとして、アイデンティティ・ステイタス(Marcia,1980)を用いることの効果を、質問紙調査の結果から分析することを目的とした。

3．方法

実施対象：履修者91名中、分析の対象としたのは76名。リベラルアーツ学群1年25名、2年22名、
　　　　　ビジネスマネジメント学群1年2名、2年27名。

実施期間：半期15コマのうち、2.5コマを使って、2012年5月に実施した。

実施方法：質問紙調査を実施した。質問項目は2問。

4．結果

　問1では、学群、学年、性別による違いはなく、アイデンティティの直線型の発達を示している学生が94.7%を占めた。

　問2では、学群、学年、性別に違いはなかったが、質問項目 a,d,e,f に強い相関が見られた。

5．考察

　大学1、2年の9割を超える学生が、過去や現在は、DやMの状態であっても、卒業期には自分の進む道を見つけてA、その後もAと安定的な将来像を描いていることがわかった。

　将来のキャリアを考えさせる授業では、夢や目標を描かせるだけでなく、困難な問題や新たな環境に応じてアイデンティティ・ステイタスは移行することを、初年次の段階から強調していくことの必要性が示唆された。

引用文献

井下千以子 (2011) 「知的自律と自己の発達を支援するアカデミック・キャリアガイダンス――初年次教育と入学前教育のプログラムの開発を踏まえて」大学教育学会第33回大会発表旨集禄. pp.170-171.

井下千以子 (2012) 「生涯発達心理学の視座からキャリアを考える――考え抜く授業のデザイン」小田・杉原編『学生主体型授業の冒険2』ナカニシヤ出版.

Marcia, J. (1980) Ego Identity Development, In J. Adelson (Ed.), *Handbook of Adolescent Psychology.*

表の題名は上に出典、その右に（著者名、出版年）を示す。

表1　アイデンティティ・ステイタス（Marcia,1980）

	アイデンティティ拡散	早期完了	モラトリアム	アイデンティティ達成
危機 選択に迷ったことはあるか	ある・なし	過去になし	模索の最中	過去にあり
関与 自覚的に自分のすべきことを考えているか	なし	あり	あるが漠然としている	あり

図16　レジュメ（配布資料）の作成例

付　録

1　論証型レポートの見本レポート………134

2　文献研究による仮説論証型論文の
　　見本レポート………………………………138

3　実証研究による仮説検証型論文の
　　見本レポート………………………………147

4　自己点検評価シート、
　　ルーブリックについて……………………153

5　参考となる文献の紹介……………………162

6　図表一覧……………………………………165

付録 1

論証型レポートの見本レポート

子どもの携帯電話利用が発達に及ぼす影響
──小学生からメディアリテラシーを育む──

井下　千以子

キーワード：携帯電話、小学生、家庭のルール、メディアリテラシー教育

題名はレポートの顔であり内容の要約。キーワードとの整合性に注意

キーワードは、3～5個程度

1. はじめに

　近年、携帯電話はインターネットとつながることで、もはや電話というより、メールやゲーム、カメラ、お財布、電車の乗換検索など、パーソナルメディアへと進化した。その便利さと引き換えに、携帯電話利用が、子どもの健全な発達に影響を及ぼしている問題についても、様々な議論が展開されている（飽戸, 2010）。

具体的な**見出し**にしてもよい。たとえば、「問題の背景」「問題と目的」

論点を明示

　内閣府（2011）が実施した「平成22年度青少年のインターネット利用環境実態調査」では、携帯電話の所有率は、小学生では21％、中学生では49％、高校生は97％所有していることが明らかとなった。

　また、携帯電話を持つ子どものインターネット利用率は、小学生85％、中学生96％、高校生は99％を超えている。それに伴い、携帯電話のフィルタリング利用率は、小学生で約8割、中学生で約7割、高校生で約5割で、前年度と比較すると、いずれも10％以上増加しているという。さらに、購入時期のフィルタリング利用率は、8割近くまで普及していることがわかった。

下線部は、いずれも、内閣府が実施した調査からの**間接引用**であることを示した文末表現

134

こうした調査結果を見ると、携帯電話を持つ子どもの
ほとんどがインターネットを使用していることがわかる。
また、携帯電話の普及に伴い、フィルタリング利用率も
増えていることから、保護者の携帯電話利用問題への関
心の高さだけでなく、販売時の説明なども徹底してきて
いることがわかる。

　一方で、有害サイトやケータイ依存の問題など、弊害
も指摘されている（飽戸, 2010：藤川, 2011）。文部科学
省（2009）は、子どもの携帯電話利用に関する調査結果
より「小学校の段階から、携帯電話の利用について、適
切な教育が望まれる」としている。なぜ、小学生から携
帯電話が必要なのか。使用させるのであれば、具体的に
はどのような教育が適切か明らかではない。

　そこで、このレポートでは、使用を強制的に制限する
のではなく、家庭で話し合ってルールを決めるなど、携
帯電話を主体的に使いこなすための知識を教えるメディ
アリテラシー教育の必要性を指摘することを目的とする。

2. メールを多用した新しいコミュニケーション

　いまの子どもたちは、食事中も、勉強中も、入浴中も、
友だちとメールをやりとりしている。どこにいても、数
分ごとにメールを送り合う。いつも、友だちとつながっ
ていたいという意識があるという（藤川, 2011）。子ども
にとって、通話よりメールの方が、ケータイコミュニ
ケーションの中心にあることがわかる。

　小学生のうちは通話中心であるが、中学生・高校生と年
齢が上がるにつれ、通話に比べ、メールの利用比率は高く
なるという。中学生・高校生が学校の部活動の仲間とメール
することが多いのに対し、小学生は学校の外の仲間、塾の
仲間とメールをやりとりしているという（向井, 2010：260）。

【注釈】

一方で、しかしなど、**逆説の接続表現**を用いて、**批判的に検討し、問題点を明確に指摘する**

「　　」の発言は**直接引用**である

問題点を指摘し、**問いを立てる**

レポートの**目的**を述べる

内容が一目でわかる**見出し**をつける。**ゴシック体**で強調する

文末に引用を示す場合は（　）の外に句点を置く。引用の箇所を示す場合は、出版年のあとにページ数を入れる

付録1

135

3. 小学生では、自己管理が不十分か

　米国の発達心理学者や児童養護団体の専門家らは、子どもに携帯電話を所持させる時期は、子どもの成熟度レベルや電話を使いこなす能力によって異なるので、親がそれを把握し、子どもと使用するルールを決めるべきだと述べている（*The New York Times*, 2010 年 6 月 10 日付）。

> 米国の例と比較し、日本での利用を**批判的に検討**する

　日本の場合は、文部科学省の調査（2009）によると、保護者が携帯電話を小学生に持たせた理由では「塾や習い事を始めたから」という回答が最も多く、小学生の携帯利用の背景には、外出時の親との連絡、居場所確認などがあることがわかる。

　しかし、携帯電話をよく使う子どもは就寝時間など生活面に留意する必要があることもわかっている（文部科学省, 2009）。ゲームをやりすぎて勉強に集中できない、友人からすぐに返信が来ないと心配になる、家族とのコミュニケーションが少なくなる、生活のバランスを崩すなどの問題点が指摘されている。

> しかしを用い、**問題点を指摘**する

　すなわち、問題は子どもが自己管理できるか、保護者が子どもの状態やコミュニケーション・メディアとしての携帯電話の機能を十分に理解できるかにある。

> すなわちという**帰結の接続表現**を用いて**考察**する

4. 持ち込み禁止や条件つき使用で問題解決できるか

　文部科学省では、平成 21 年 1 月に、学校の携帯電話の取扱いについて、小・中学校では、やむを得ない場合を除き原則持ち込み禁止、高等学校では校内での使用制限等を行うように、方針を明確に示した。

> しかしを用い、**問題点を指摘**する

　しかし、学校への携帯電話の持ち込みを禁止しても、ネット上のいじめや有害情報から子どもを完璧に守ることはできない。したがって、小学校の段階から情報モラルを教え、主体的にメディアを使いこなせるよう、子と親にも

> したがってと帰結の**接続表現**を用いて**考察**する

指導すべきだと考える。保護者は子どもと話し合い、利用実態を把握し、フィルタリングの利用や家庭でのルールを決め、了解のうえ、条件つきで使わせる必要があるだろう。

> 下線部は、自分の意見であることを明確に示すための文末表現

5. おわりに──小学生からのメディアリテラシー教育──

> ・目的の確認
> ・結論の提示
> ・本稿の限界
> ・今後の課題

　本稿では子どもの携帯電話利用について取り上げ、コミュニケーション・メディアとして進化したことによる影響について検討した。その結果、友人や家族関係の変化、生活のアンバランスなどが明らかとなった。しかし、健全にメディアに親しむ環境整備については明らかにできなかった。今後の課題は強制的規制ではない主体的なリテラシー教育を推進することにある。

引用文献

> この引用文献リストは英文の資料もあるのでAPAスタイル*に倣いアルファベット順とした。
> *アメリカ心理学会による学術論文の形式

飽戸弘（2010）「ケータイ社会の現在と将来」NTTドコモモバイル社会研究所編『ケータイ白書2011』中央経済社, pp.1-3.

藤川大祐（2011）『学校・家庭でできるメディアリテラシー教育：ネット・ケータイ時代に必要な力』金子書房.

文部科学省（2009）「子どもの携帯電話等の利用に関する調査結果について」（http://www.mext.go.jp/b_meru/houdou/21/05/1266484.htm）（2012.12.08 閲覧）.

> 分担執筆の場合は担当ページ数を記入する

向井愛子（2010）「子どものケータイ利用」NTTドコモモバイル社会研究所編『ケータイ白書2011』中央経済社, pp.257-261.

> ネットで調べた場合は、アドレスと閲覧した日を記入する

内閣府（2011）『平成23年版 子ども・若者白書』「平成22年度青少年のインターネット利用環境実態調査」（http://www8.cao.go.jp/youth/youth-harm/chousa/h23/net-jittai/html/index.html）（2012.12.08 閲覧）.

The New York Times, "When to Buy Your Child a Cell Phone"（http://www.nytimes.com/2010/06/10/technology/personaltech/10basics.html）（2012.12.08 閲覧）.

> 題名、本文、引用文献も含め、2300文字

付録 2

文献研究による仮説論証型論文の見本レポート

大学職員のキャリア発達と学生支援業務
——“学びのコミュニティ”の構築を目指して——

井下　千以子

キーワード：学生支援、キャリア発達、大学職員、
　　　　　　　学習者主体型支援

1. はじめに

　今日、学生支援に力を注がない大学は生き残れないと言っても過言ではないほど、学生支援は大学教育にとって重要な要素となった。一口に学生支援といってもその範疇は広く、内容も多様である。たとえば、初年次教育に代表される学習支援や大学生活への適応プログラムだけでなく、キャリア教育や就職支援、クラブ・サークル活動の支援、奨学金の提供、アルバイトや下宿の斡旋、さらにはメンタルヘルスに関連したカウンセリングなどの心理相談も含まれる。

　このように多様な学生支援が求められるようになった背景として、大学教育のユニバーサル化の進行があげられる。ユニバーサル化が進行し、多様な学生を支えるためには多様な学生支援が必要とされるようになった。さらに、特色ある大学教育支援プログラム（特色GP：Good Practice）など競争的資金の導入も学生支援の取り組みに拍車を掛けた。また、2008年度からのFDの法制的義務化に伴い、実質的にFDを展開推進していくため

①研究テーマ
　の提示
　研究テーマ
　の背景

にも、学生支援のあり方に関する議論を深めていくことが求められているといえよう。

こうした問題を背景として、学生支援をテーマとした実証研究も進められつつある（青野, 2007；武内, 2006）。さらに、大学教育学会や初年次教育学会においても、多くの実践例が活発に発表されるようになった。しかし、内実は実践報告のレベルに終始するケースも多く、分析的に内容を検討し、実践の根拠となる理論的枠組みにまで言及した事例は数少ない。また、これまでの研究では大学職員からの視点はほとんど手つかずの状態で、青野・堀井（2006）によって実務としての学生支援業務に関する研究が着手されたところではあるが、研究の蓄積はまだ十分とはいえない。

②先行研究の紹介

③先行研究の批判的検討（問題点の指摘）

したがって、より充実した学生支援を提供していくためには、大学職員の業務内容を精査する必要があるのではないか。

④仮説の提示 問いを立てる

そこで、本稿では、大学職員の学生支援業務のあり方について、心理学を理論的枠組みとし、学習論と発達論の両面から検討することを目的とする。

⑤研究の目的

まず、米国に端を発した学生支援の歴史をたどることによって、わが国に学生支援がどのように導入され、どのような教育観に基づき、構築されてきたのかを明らかにする。次に、心理学の学習論の立場から、学生支援の現状を「教授者主導型の教え込み」と「学習者主体型の支援」とに分けて分析し、学びの質が異なることを指摘する。その上で、学習者主体の学生支援の立場に立ち、学生支援業務が大学職員のキャリア発達にどのように意味づけられるか、アイデンティティ発達論の知見をもとに考察する。最後に、学生支援を充実させるためには、職員の業務を"学びのコミュニティ"に位置づける必要があることを指摘する。

⑥研究の方法 研究の予告

2. 学生支援の歴史 　←大見出し

　ここでは、大山（2003）のレビューを参考としながら、米国における学生支援誕生の背景を明らかにした上で、どのようにして日本へ導入されたのか、さらには大学のユニバーサル化の問題へと発展させて見ていこう。 　→トピック・センテンス

見出しで階層構造を明確にする

2.1 米国における学生支援誕生の背景 　←小見出し

　まず、第一の背景はその発生形態にある。米国の大学は17世紀の発生当初は、英国の貴族大学に倣い、学生を一定期間寮に住まわせ、生活の隅々まで指導監督しキリスト教教育を行うというものであった。そのキリスト教主義に基づく全人教育は、現在の米国の学生支援においてもなお、正課教育だけでなく学生生活全般に対して教育的責任を持つという伝統として生きている。 　→サポート1

　第二は思想史的背景である。個人を最大限に成長させようとする学生支援の考え方は、ダーウィニズムを典型とする環境主義やビネーの知能検査などにその由来を見出すことができる。個々人の持てる資質に応じて環境を整えることで適切な働きかけができると考えられた。さらに、1937年にはACE（American Council on Education）より、The student personnel point of viewとして、学生を"student as a whole"すなわち人間全体と捉える考え方が打ち出され、知的側面だけでなく情意的側面も含めた全人教育として、学生支援の各分野を統合的に行うべきという理念が、デューイの教育思想を基盤として確立されていったのである。 　→サポート2　／　結びの文

2.2 日本への導入

　こうした米国での学生支援の理念が日本に導入されるに至ったのは、戦後に新制大学が発足して間もなくのこ

140

とであった。（省略）ここで紹介されたのは「学生の全人的（whole man）発達を援助する」といった大学の役割、教科教育だけでなく学生の生活全般での学びを援助する学生支援の理念であった。（以下、省略）

2.3 大学のユニバーサル化

1980年代になると、米国では大学のユニバーサル化が起こってくる。学生の質の急速な変化や多様なニーズに応えるべく、レポートの書き方や文献の探し方、コンピューターリテラシーなどのスタディ・スキル教育、大学生活への適応のためのスチューデント・スキル教育、進路への動機づけも含むキャリア教育などが盛んに行われるようになる。（以下、省略）

3. 現在の学生支援の問題
──学習論と発達論に基づく分析──

では、現行の学生支援策には初期の理念「学生の全人的発達を支援する」が活かされているだろうか。ここでは、学生支援の中でも「学習支援」の問題に焦点をあて、心理学の知見をもとに学習論と発達論の2つの側面から、「支援」のあり方と、「学生」に対する教職員の認識の問題について検討する。

3.1 教授者主導型「教え込み」と学習者主体型「支援」の違い

まず、「支援」のあり方の問題を学習論の立場から検討する。表1は、学習モデルの分類を表したもので、ライティング方略モデルの分類（井下, 2008）を参考に作成したものである。学習の質は「教授者（教え手）主導型の教え込み」と「学習者（学び手）主体型の支援」とで

付録 2

大見出しや小見出しを使って論文の論理構成を階層化する。たとえば、
2. 学生支援の歴史
2.1 米国に〜
2.2 日本への〜
2.3 大学の〜

パラグラフライティングでは、トピック・センテンスの役割は重要

網掛けをしたつなぎの表現、では、まず、などを用いて、論理の流れを示す

はどのように異なるのか、2つの学習モデルを比較することによって、「支援」とは何かについて検討する。

　近年の初年次教育ではスキル教育が盛んに行われてきた。こうした教育では教授者によって初年次で習得させたいスキルはすでに絞り込まれ、スキルを知識として積み上げていけば、確実に効率的に短期間で学習できるよう、周到にデザインされている。つまり、スキル教育では、学習目標は収束的であり、基礎的・基本的な教育として、教授者主導型の教え込みによる教育が行われている。

　一方、学習者主体型モデルでは、学習者（学生）の主体性が重視されるため、はじめから学習目標が明確に設定されているというわけではなく、拡散的である。また、学んだ知識を学生自身が自分にとって意味があるように再構造化することを目指していることから、その学習内容は発展的・探求的であり、高いレベルでの転移が期待できる。すなわち、学生は教えられた以上に学びを発展させていくことが可能であり、学生を深い学びへと誘うことができる。こうした学習では教え込みではない、学生の主体性を引き出す「支援」のあり方が鍵となる。（以下、省略）

表を用いて、重要な概念について整理を行う。類似した概念の違いを表にし、項目を立て、**比較対照**することにより、それぞれの概念の本質を明らかにすることができる

図表の題名のつけ方
表は、**表の上に**、図は、**図の下に**、題名をつける。図表が引用したものであれば、題名の右に（著者名, 出版年）を記入する。または、図表の下に出典を明らかにする（p.132 図16を参照）

表1　学習モデルの分類　（井下, 2008）

	教授者主導型	学習者主体型
指導法	教え込み	支援
学習目標	収束的	拡散的
教育の質	基礎的・基本的	発展的・探求的
知識構成	知識の積み上げ	知識の再構造化
メタ認知	既有知識の点検のためのモニタリング	新たな知識生成のためのモニタリング
学習の転移	低次の転移	高次の転移

3.2 学生に対する教職員の認識の問題

　もう一つは、支援の対象となる「学生」に対する教職員の認識の問題である。大学生は大人か、子どもか。ある時は大人扱いし、またある時は子ども扱いしていないだろうか。（以下、省略）

4. 大学職員のキャリア発達とアイデンティティの確立
4.1 生涯発達論を手がかりとして

　さて、ここからは大学職員のキャリア発達についてアイデンティティの視点から、岡本（2002）の生涯発達論を手がかりにみていこう。「学生が学ぶ主体として成長することを支援する」という、学生の主体性を引き出す学生支援の立場に立ち、学生支援業務が大学職員のキャリア発達にどのように意味づけられるのかを考えていく。本稿で、大学職員のキャリア発達についてアイデンティティの視点から取り上げる理由は、以下の2点である。

　第1の理由は、アイデンティティ論が、人間の発達を全体的統合的に捉えていく視座を提供するからである。（以下、省略）

　第2の理由は、近年、アイデンティティ確立の問題が成人期においても重要な発達課題となってきたことがあげられる。（以下、省略）

4.2 「キャリア発達」と「個としての発達」

　ここでは、まず、「キャリア」の概念を明確にしておきたい。これまで、キャリアは職歴を意味するものであったが、近年、職業教育から生き方教育まで、かなり幅広い領域で使われ、かつ多様な解釈をするようになった。そこで、キャリアと業務を次のように区別して用いることとしよう。

Super（1980）の定義によれば、業務（occupation）は「同様の職務（jobs）を果たしている課題（task）」であり、キャリア（career）は「人々が生涯において追究し、占めている地位、職務、業務の系列」であるという。すなわち、キャリアとは、職務や業務という仕事に焦点を当てた、個人の生涯にわたる経験であり、キャリアは上位概念、職務が中位概念、業務が下位概念として位置づけられる。

また、Superは「キャリア発達」と「個としての発達」は互いに関連しあいながら発達するとし、キャリア発達は、最初のキャリア選択を行う青年期で終わるものではなく、人間の一生を通じていろいろな役割を同時に果たしながら、個人特性と社会環境との相互作用の中で、ダイナミックに発達するものであると指摘している。

このSuperの理論を大学職員のキャリアにあてはめてみると、学生支援業務を通した様々な経験がその人個人のアイデンティティの発達と深く関わっていることがわかる。また、それがその人のライフサイクルに位置づけられ意味づけられ、大学職員のキャリアとして統合されていくと解釈することができる。

4.3 「関係性にもとづくアイデンティティ」と学生支援業務

さらに、岡本（2002）によれば、成人期のアイデンティティの発達には、こうした「個としてのアイデンティティ」の確立や深化のみでなく、「関係性にもとづくアイデンティティ」の発達の2つの軸、および両者のバランスが重要であるという。（以下、省略）

論文のテーマに関わる用語で、多様な解釈を持つ語は定義する必要がある。特に類似した概念との違いを明確化することが大切。「キャリア」の定義について、Super（1980）の定義を引用し、「業務」「職務」との違いから、本稿で扱う「キャリア」の概念を明らかにしている

5. 大学職員の専門性の確立と"学びのコミュニティ"の構築

　こうしてアイデンティティの視点から学生支援業務を見てくると、「学生へのケア」が「大学職員としてのアイデンティティ達成」に深く関連していることがわかる。すなわち、成長するのは学生だけでなく、職員もまた学生支援業務を通して成長している。（以下、省略）

6. おわりに

　本稿では、「学習者主体型の支援」の立場から、学生支援業務が大学職員のキャリア発達にどのように意味づけられるのかを、アイデンティティ発達論の知見をもとに明らかにしてきた。より充実した学生支援を行うためには、発達論の立場からの学生理解が必要であること、特に、大人への移行期にある大学生を支援していくためには、大学が修行や研修の場であることを職員が認識して業務に活かしていくことの重要性を指摘した。

　また、職員としてできることの限界、自己の有限性の自覚も必要であることを示唆した点は、本研究の成果といえる。一方で、学生が大学職員をどう見ているかについては分析していない。

　大学職員としての業務を"学びのコミュニティ"に位置づけ、大学職員の専門性を確立していくためにも、今後の課題として検討していきたい。

> **結論の構成要素**
> ①研究行動の確認　何が明らかになったかを振り返る
> ②本研究での成果を評価する
> ③本研究では明らかにすることができなかったことにも言及する。つまり、何ができて、何ができなかったのかを明瞭にする
> ④そのうえで、今後の課題や展望を述べる

注

(1) これまで職能組織においては、生産性や業績を上げる側面には強い関心が示されてきたが、組織の関係性については看過されてきた。岡本（2002）は、関係性による発達の側面は、個人のアイデンティティにとっても、キャリアにとっても重要な問

題であると指摘している。いわゆる「会社人間」を例としてあげて、会社人間は職務への関与が深く、一見、有能な人間に見えるが、会社への過剰適応は、一個人の人間としての自立、つまり個としてのアイデンティティの発達を阻むと指摘している。(以下、省略)

引用文献

青野透 (2007)「大学評価指標における「学生支援」の位置づけに関する実証的研究」平成 18 年〜 19 年度科学研究費補助金 (基盤研究 C) 研究成果報告書.

青野透・堀井祐介 (2006)「実務としての学生支援サービスの充実 (1)—(4)」『文部科学教育通信』No.160-163.

井下千以子 (2008)『大学における書く力考える力——認知心理学の知見をもとに』東信堂.

岡本祐子 (2002)『アイデンティティ生涯発達論の射程』ミネルヴァ書房.

大山泰宏 (2003)「学生支援論」京都大学高等教育研究開発推進センター編『大学教育学』培風館.

Super, D.E. (1980) A life-span, life-space approach to career development. *Journal of Vocational Behavior*, 16, pp.282-298.

武内清 (2006)「有効な学生支援に関する実証的研究——学生のキャンパスライフからの考察」平成 16 年〜 18 年度科学研究費補助金 (基盤研究 C) 研究成果報告書.

(桜美林大学大学院『桜美林シナジー』第 8 号, pp.1-13, 2009 を一部省略し、改変した)

注について
本文の議論から外れてしまう場合は注で説明する。本文の最後に記載するのは後注。本文の最下段に記載するのは脚注。パソコンの脚注機能を使うとよい
p.111 の **注、引用文献リストの文末一括記載例** を参照のこと

文献表作成について
p.111 の **注、引用文献リストの文末一括記載例** を参照のこと。記載の方法は分野によって異なるので、執筆要綱や課題の提出の仕方を熟読し、指定された規定に従うこと
本稿では、紀要の規定に従い、アルファベット順で、記載した

付録 **3**

実証研究による仮説検証型
論文の見本レポート

初年次からのキャリア教育
──アイデンティティ・ステイタスを用いた分析の効果──

井下　千以子

1. 問題の背景

　日本経済が1990年代に長期不況に陥ってから、若年者の雇用環境は悪化の一途を辿っている。2000年代以降は、大学教育においても、出口の就職斡旋活動だけでなく、3，4年生を対象としたキャリアデザインなどの正課科目、さらには初年次教育や入学前教育へと、キャリア教育は拡大化している。しかし、内実は内定獲得のためのスキル学習や自己分析など、教育方法は未整備のまま、学士課程カリキュラムとの連関も明確ではない。

　一方、心理学の領域におけるキャリアに関する研究は、青年が大人へと移行していく過程でのアイデンティティの発達や自己形成に焦点が当てられてきた（たとえば溝上, 2008）。大学生を対象とした実証的な調査研究も進んでいるが、理論を体系的な教育プログラムとして展開するまでには至っていない。

　井下（2011）は初年次教育と入学前教育プログラムを開発してきた経験と、心理学の授業開発から発した問題意識をもとに（井下, 2012）、学問導入型初年次教育を強

調査や実験による仮説検証型レポート・論文の典型的構成
1. 問題と目的
2. 方法
3. 結果
4. 考察
5. 結論

題名のつけ方として、本題にテーマや対象、副題に方法や分析法などを示すやり方もある

先行研究の到達点を、**間接引用**によって行う

化し、知的自律と自己の発達を支援するアカデミック・キャリアガイダンスを正課科目として、学士課程カリキュラムに位置づけていくことを提案してきた。

これまでのキャリア教育では、自己実現などアイデンティティ達成を目標とした指導が行われてきた。しかし、現代社会においてはアイデンティティの発達は複雑な過程を辿ることを、初年次の段階から考えさせる必要があるのではないか。

> 先行研究を批判的に検討し、まだ明らかにされていないことから**仮説を立てる**

2. 目的

そこで、本研究では、主に大学1、2年生を対象としたアカデミック・キャリアガイダンス科目「大学での学びと経験」において、学生が自分のキャリア意識について考えるためのツールとして、アイデンティティ・ステイタス（Marcia, 1980）を用いることの効果を、質問紙調査の結果から検証することを目的とした。

> 目的を述べる

表1に、アイデンティティの発達を2つの軸を用いて分類した4つのアイデンティティ・ステイタスを示した。1つめの軸は危機で、人生における様々な選択肢を前に迷った経験はあるかどうか。2つめの軸は関与で、自覚的に自分のすべきことを考えているかどうかである。アイデンティティ拡散（以下、D）は、自分が何をしたいかなど考えたこともない、あるいは考えたことはあるが、どうしたらよいかわからないままにいる状態を指す。早期完了（F）は、親や先生の敷いたレール通りに沿ってコツコツ頑張ってきたタイプで、選択に悩んだ経験がなく、価値観を揺さぶられることに弱いところがある。モラトリアム（M）は、現在模索中で迷っていて踏み出す勇気がなく、決定を延期している状態にある。アイデンティティ達成（A）は、苦悩や失敗、挫折の末、自分の

> 仮説検証型レポートには、基礎演習のようにすでに調査・実験計画が決まっているものと、自分で調査・実験計画を行うものとがある。**後者は倫理面で検討を要する。p.98** を参照のこと

目標を見出して頑張っている安定した状態を指す。

表1　アイデンティティ・ステイタス（Marcia,1980）

	アイデンティティ拡散	早期完了	モラトリアム	アイデンティティ達成
危機 選択に迷ったことはあるか	ある／なし	過去になし	模索の最中	過去にあり
関与 自覚的に自分のすべきことを考えているか	なし	あり	あるが漠然としている	あり

> 表の題名は、表の上に記す。引用を（著者名, 出版年）と括弧内に示す

> 図やグラフの題名は、図の下に記す。引用を（著者名, 出版年）と括弧内に示す

3. 方法

実施対象：履修者 91 名中、分析の対象としたのは 76 名。リベラルアーツ学群 1 年 25 名、2 年 22 名、ビジネスマネジメント学群 1 年 2 名、2 年 27 名。3 年生と 4 年生は被験者数の割合が少ないことから、今回の分析の対象からはずした。

実施期間：半期 15 コマのうち、2.5 コマを使って、2012 年 5 月に実施した。

実施方法：①宮崎駿監督「耳をすませば」を視聴後、主人公のアイデンティティの発達過程を、アイデンティティ・ステイタスを用いて図式化させた。②図を持ち寄り、アイデンティティが移行した要因についてグループディスカッションを行わせ、発表させた。③質問紙調査を実施した。**質問項目**は、以下の 2 問。

［問 1］自分の過去・現在・卒業時・未来において、アイデンティティ・ステイタスのどれにあてはまるかをアルファベットで示し、その時の年齢、キャリア意識を具体的に書いてください。

> 方法で記すこと
> **実施対象**
> **実施期間**
> **実施方法**
> **調査項目**
> **実験材料**
> **分析方法**

> 質問紙調査（アンケート調査）で質問項目が多い場合は、本文中に記載せずに、本文の最後に付録として掲載する

[問2] アイデンティティ・ステイタスを用いた分析は、a ～fについて役立つかを、4段階（非常に役立つ・役立つ・少し役立つ・全く役立たない）で評価してください。

 a. 映画の主人公の心の変化を理解するのに役立つ。

 b. 映画の内容を理解するのに役立つ。

 c. 映画についてグループディスカッションするのに役立つ。

 d. 自分の現在のアイデンティティを理解するのに役立つ。

 e. これからの大学生活をどう過ごすかを考えるのに役立つ。

 f. 自分の将来のキャリアを考えるのに役立つ。

> 質問紙調査、または実験を実施する際の**研究倫理**については、**p.98** を参照のこと

4. 結果

　問1では、学群、学年、性別による違いはなく、過去と現在をD、F、Mとし、卒業時と未来をA、AまたはM、Aとし、アイデンティティの直線型の発達を示している学生が94.7％を占めた。過去を15～17歳とし「やりたいことが見つからず、将来に目をそらしている」。現在は「好きな分野はあるが、将来にどう活かしたらよいかわからない」。卒業時には「何かしら進む道は見つけている」。未来を25～30歳とし「目標を持ち頑張っている」という回答のパターンが多かった。

　問2では、学群、学年、性別に違いはなかったが、質問項目a、d、e、fに強い相関が見られたことから、映画の主人公の心の変化と、自分のアイデンティティを関連づけて観ていることがわかり、アイデンティティ・ステイタスを用いて分析させたことの効果が確認された。

> 結果と考察を分けて記載するのではなく、「**結果と考察**」として項目を立ててもよい。結果を示しながら、続けて考察するほうがわかりやすい場合もある

5. 考察

　大学1, 2年の9割を超える学生が、過去や現在は、D

やMの状態であっても、卒業時には自分の進む道を見つけてA、その後もAと安定的な将来像を描いていることがわかった。

しかし、Archer（1989）の研究では、一度アイデンティティを達成したら直線的な発達を遂げるのではなく、拡散やモラトリアムに移行しては達成するという複雑な過程を、生涯に渡って繰り返すと考えられている。

今回の調査では、卒業時のAから、将来を26〜30歳に想定しMとなり、アイデンティティに迷いが生じると回答した学生が5名いた。いずれも2年生で「このまま今の仕事でいいか」「想像していた仕事と異なり悩んでいる」「頑張っていた意味がわからなくなり悩み始める」「卒後3年で違う仕事に挑戦するが悩んでいる」「結婚や子育てで仕事を続けるべきか悩んでいる」と回答している。

将来のキャリアを考えさせる授業では、夢や目標を描かせるだけでなく、困難な問題や新たな環境に応じてアイデンティティ・ステイタスは移行すること、特にAからMへの移行を退行と捉えるのではなく、新たなアイデンティティの獲得は生涯を通じた発達として重要な意味を持つことを、初年次の段階から強調していくことの必要性が示唆された。

> 1つの論文において、調査1、調査2と複数の調査を分析する場合は、最後に、結論、**総括討論**という項目を設け、全体的視野で議論を行う

> 考察や結論での**飛躍に注意！** 調査や実験の分析までは、極めて厳密に行ってきて、最後の結論のところで、現実の解釈へといきなり飛躍してしまうことがある。結果の現実への適用には慎重さが必要だ。考え抜き、言葉を選ぶこと。誠実であることが大切である

引用文献

Archer, S.L.（1989）The status of identity: Reflection on the need for intervention. *Journal of Adolescent,* 12, pp.345-359.

井下千以子（2011）「知的自律と自己の発達を支援するアカデミック・キャリアガイダンス──初年次教育と入学前教育のプログラムの開発を踏まえて」大学教育学会第33回大会発表要旨集禄, pp.170-171.

井下千以子（2012）「生涯発達心理学の視座からキャリアを考える──考え抜く授業のデザイン」小田隆治・杉原真晃編『学生主体型授業の冒険2』ナカニシヤ出版, pp.132-145.

Marcia, J. (1980) Ego identity development. In J. Adelson (Ed.), *Handbook of Adolescent Psychology*.

溝上慎一（2008）『自己形成の心理学──他者の森をかけ抜けて自己になる』世界思想社.

（2012年度初年次教育学会第5回大会発表要旨集, pp.74-75）

付録 **4**

自己点検評価シート、ルーブリックについて

自己点検評価シートとは

　自己点検評価シートは、レポートや論文の評価項目と、評価基準である到達度を示す数値によって構成されています。評価項目は、本書の内容と対応しています。たとえば、主題文や序論（はじめに）の構成要素とシートの項目は対応しています。到達度を示す数値は、4段階評価になっています。3は優れている、2はできている、1は不十分なところがある、0はできていないことを示しています。

　また、図解と自己点検評価シートは対応しています。レポートや論文の作成プロセスや、プレゼンテーションの準備のための図解と照らし合わせ、かつ見本レポート・論文を参照することによって、効果的に使うことができます。

自己点検評価シートの目的

　自己点検評価シートの目的は、大きく3つあります。

① 　執筆前に**確認**すること。レポートや論文の作成に取りかかる前に、また、プレゼンテーションの準備に入る前に、図解と自己点検評価シートを用いて、何をすべきか、何が重要か、必要不可欠なポイントを素早く確認することによって思考が整理され十分な準備ができます。

② 　執筆後に**点検**すること。作成後に、チェックリストとして、すべての項目が漏れなくできているかどうかを、自分で点検できます。

③ 　**評価**すること。到達度を示す数値を用いて、どのくらいできているか、学生同士で評価し合う、また教師が学習成果を測定し、評価するツールとして用いることができます。

153

自己点検評価シートの活用法

① 自己点検評価シートは<u>拡大コピーして活用</u>してください。付録 4-1、2 は見開きで印刷できます。付録 4-3、4 にもチェック欄をつけました。

② <u>自分で</u>、すべての項目がうまくいっているかどうかを点検できます。

③ <u>2 人 1 組のペアで</u>、あるいは<u>グループで</u>互いのレポートを評価するツールとして利用できます。自分では発見できなかった問題や、互いの優れている点を評価し合うことも、とてもよい勉強になり、学びが深まります。

④ シートは次のように執筆前と後に活用するとよいでしょう。

執筆前	評価項目と評価基準を確認する

評価項目にざっと目と通してください。ポイントが一目でわかります。

「はじめに」のフォーマットを使って主題文を書いたあとで

＜自分で点検＞

はじめに（序論）の構成要素を用いたフォーマットを用いて書いたら、シートを使って、自分でチェックしてみてください。仮の題名や、形式、表現もチェックしましょう。この段階でチェックすると、テーマや論点、構成の見直しを思い切って早い段階で行うことができます。

＜授業での学びあい＞

ペアを組み、チェックしあいましょう。評価の点数をつけるだけでなく、優れている点と改善すべき点を文章で記述してください。その後、グループ（6 〜 10 人）で、自分の書いた「はじめに」の要約を発表し、評価者がコメントします。うまく発表できなかったら、評価者のコメントや、ほかの人の発表を聞いて、何が問題かを考えてみましょう。

執筆後	

＜提出前に、自分で＞ 漏れはないか、確認しましょう。

＜提出後に、授業での学びあい＞

ペアを組み、チェックしあいます。評価の点数をつけるだけでなく、優れている点と改善すべき点を文章で記述します。その後、グループ（4 〜 6 人）で、自分の書いたレポートの要約、成果や難しかったところを発表します。評価者は優れているところを評価し、互いに学びあいましょう。

ルーブリックについて

ルーブリック（Rublic）とは、マトリクス形式で表した学習成果の評価指標で、学習到達レベルを示す数値的な尺度（scale）と、それぞれの尺度に見られるパフォーマンスの特徴を示した記述（descriptor）によって構成されます。

近年、高等教育の質保証をめぐって様々な提言がなされていますが、ルーブリックの導入もその1つと言えます。代表的な例としては、米国大学協会（AACU: Association of American Colleges and Universities）が開発したバリュー・ルーブリック（https://www.aacu.org/initiatives/value-initiative/value-rubrics）があり、日本においても普及しつつありますが、定義も用法も多様な段階にあるのが現状です。

たとえば、AACU のバリュー・ルーブリック Written Communication では、評価項目は5項目で、評価基準は4段階になっています。課題の背景と目的、内容の展開、学問分野の様式、資料と根拠、構文と技法の使い方の5項目で、4段階ごとに評価内容が文章で記述されています。

レポートや論文を書いた経験があれば、その内容が理解できるものの、初心者が使いこなすのは難しいでしょう。まず、表全体を読まないと評価内容が理解できないことや、繰り返しの言葉も多く、効率的とは言えません。

そこで本書では、ルーブリックという用語は用いず、学生自身が利用の目的を理解できるよう、「自己点検評価シート」と呼ぶこととします。

また、執筆後の評価だけでなく、執筆前に要点を構造的に理解して効果的に活用できるよう、評価項目を細目化しました。さらに、評価項目を一目見れば、レポートの全体像や執筆上の留意点がわかるように工夫しました。

付録 4-1 論証型レポートの自己点検評価シート

	評価項目 ／ 評価基準	3	2	1	0
はじめに（序論）	**論点の提示、問題背景** 与えられたテーマから論点を見出し、問題背景を説明している	□ 説得的な論点を見出し、問題の背景を的確に説明している	□ 適切な論点を見出し、問題背景を説明している	□ 論点や背景を示しているが説明不十分	□ 示していない
	情報検索、資料の整理 テーマに関連する資料を調べて整理し、論点に関する一連の見解を明らかにしている	□ 信頼できる資料を網羅的に調べ、多様な見解を示している	□ 適切に調べているが、資料が1、2点で若干少ない	□ 情報検索がネットだけで資料が不十分	□ 示していない
	問いを立てる 資料を批判的に検討し、問いを立てる問題点を指摘する	□ 資料を批判的に検討したうえで、論証可能な具体的な問いを立てている	□ 具体的な問いを立てているものの、資料の批判的検討が十分ではない	□ 問いを示しているが、資料を検討せず、唐突である	□ 示していない
	目的と主張の明示 目的と主張の要点を明示している	□ 明確に目的を示し、説得的に主張の要点を述べている	□ 目的と主張を述べているが、根拠の説得力が弱い	□ 目的も主張も資料との関連づけが不十分	□ 示していない
本論	**主張の裏づけ** 自分の意見を信頼できる証拠を裏づけとし、主張している	□ 信頼できる証拠をもとに、自分の意見を明確に主張している	□ 自分の意見を主張しているが、裏づけが弱い	□ 証拠資料が不十分で主張が曖昧である	□ 示していない
	異なる主張の批判 自分の意見と異なる意見を批判的に検討し、裏づける証拠を示している	□ 異なる意見を、信頼できる証拠をあげて明確に批判している	□ 異なる意見を批判しているが裏づけが十分でない	□ 自分の意見との違いが明確ではない	□ 示していない
	主張の限界と補足 自分の主張の限界を示し代案（具体案）や補足を述べている	□ 自分の主張の限界を示し補完するための具体案を述べている	□ 主張の限界を示し代案を述べているが、具体性に欠く	□ 主張の限界を示しているが代案がない	□ 示していない
おわりに（結論）	**目的と結論** レポートの目的を述べ、結論に至る経緯を明確にまとめている	□ 目的を要約し、結論に至るまでを明確にまとめている	□ 簡略的であるが、目的を説明して、結論を述べている	□ 結論だけで、目的などの説明がない	□ 示していない
	成果と今後の課題 レポートの成果を評価したうえで、今後の課題を明確に示している	□ 成果を踏まえたうえで、今後の課題を明確に示している	□ 成果と今後の課題を述べているが、やや具体性に欠く	□ 成果の評価も今後の課題も曖昧である	□ 示していない

1. ペアを組み、まず、レポートの題名と執筆者名を記入してください。
2. 評価者はレポートを読んで、評価項目ごとに、あてはまる評価基準に、☑をつけてください。
3. 評価者は、優れている点、改善を要する点を具体例をあげて文章で記述してください。
4. グループになり、各々の要点を発表しましょう。評価者は相手の優れている点についてコメントしましょう。

評価項目 ／ 評価基準		3	2	1	0
形式／表現	**題名** 主題、目的、方法などのキーワードで構成された要約となっている	☐ レポート内容の的確な要約となっており、表現も説得力があり、わかりやすい	☐ 内容との整合性はあるが、説明不足のため表現に工夫が必要	☐ 内容やキーワードとの整合性がない	☐ 示していない
	見出し 内容が的確で、論理の階層構造がわかる章や節立てとなっている	☐ 論理の流れが読める。明確な内容かつ階層的な見出しとなっている	☐ 内容を表す見出しだが、レポート全体でみると論理性に乏しい	☐ 内容の説明が不十分 ☐ アウトラインの見直しが必要	☐ 示していない
	パラグラフ 冒頭で1文字空ける。接続表現を用いて連結を図る	☐ 適切な接続表現を用いて、パラグラフ内もパラグラフ間も連結している	☐ パラグラフの形式はできているが、接続表現の使い方が不十分	☐ 冒頭で1文字空けるルールができていない	☐ 示していない
	引用の仕方 執筆者名字と出版年および肩番号を明確に示している	☐ 引用の形式を踏み文脈の中で適切な解釈を述べている	☐ 形式はできているが、文脈での解釈が適切でない	☐ 形式も解釈も不明瞭	☐ 示していない
	引用文献リスト	☐ 正しいルールで、統一されている	☐ ほぼ正しいルール、一部不正確	☐ ルールと異なり不正確	☐ 示していない
	正しい文法の文 **わかりやすい文章**	☐ 正しい文法で、明確な文章でわかりやすい	☐ である体でほぼ統一されている	☐ ですます体が混在	☐ 話し言葉が混在

レポートの題名

レポート執筆者名

学年		学部		

評価者名

学年		学部		

優れているところ

改善を要するところ

付録 4-2　文献研究による仮説論証型論文（研究レポート）の自己点検評価シート

評価項目 ／ 評価基準		3	2	1	0
は じ め に （序論）	**研究テーマの提示** 独創的なテーマを、問題背景を示したうえで説得的に説明している	□ 独創的なテーマを、問題背景を説明して説得的に述べている	□ 適切なテーマを見出し、問題背景を説明している	□ テーマを示しているが説明不十分	□ 示していない
	先行研究の紹介 先行研究を十分に調べ、多様な見解を紹介し、研究の到達点を示している	□ 信頼できる資料を網羅的に調べ、多様な見解を示している	□ 適切に調べているが、資料が1、2点で若干少ない	□ 情報検索がネットだけで資料が不十分	□ 示していない
	先行研究の批判的検討 資料を調べ批判的に検討し問題点を指摘している	□ 批判的に検討し、これまでに解決されていないことを指摘している	□ 批判的に検討しようとしているが問題の指摘が弱い	□ 資料を示しているが、問題の指摘がない	□ 示していない
	仮説の提示 資料を批判的に検討し、仮説を導き出している	□ 論証可能で具体的な仮説を立てている	□ 仮説を立てているが資料の検討が不十分で唐突である	□ 仮説を立てているが実際は論証は難しい	□ 示していない
	目的 目的を明示している	□ 仮説を論証するための目的を明示している	□ 目的を述べているがやや曖昧である	□ 目的の説明が仮説と不整合	□ 示していない
	方法、研究の予告 方法を明示し、研究の予告をしている	□ 方法を示し、研究の予告をして、全体像の要点を述べている	□ 方法を述べているが、内容の予告が曖昧である	□ 目的と方法の関連づけがなされてない	□ 示していない
本論	**階層的な論理構成** 章や節に議論の展開を示す階層的な見出しをつけており、論理構成が明確である	□ 章立て、節立てが階層構造をなし、全体像が明確にわかる	□ 見出しは示しているが、論理構成はあと一歩	□ 論理的な見出しでない アウトラインの見直しが必要	□ 示していない
	主張の裏づけ 自分の意見を信頼できる証拠を裏づけとし、主張している	□ 信頼できる証拠をもとに、自分の意見を明確に主張している	□ 自分の意見を主張しているが、裏づけが不十分	□ 証拠資料が不十分で主張が曖昧である	□ 示していない
	異なる主張の批判 自分の意見と異なる意見を批判的に検討し、裏づける証拠を示している	□ 異なる意見を、信頼できる証拠をあげて明確に批判している	□ 異なる意見を批判しているが裏づけが不十分	□ 自分の意見との違いが明確ではない	□ 示していない
お わ り に （結論）	**目的と結論** レポートの目的を述べ、結論に至る経緯を明確にまとめている	□ 目的を要約し、結論に至るまでを明確にまとめている	□ 簡略的であるが、目的を説明して、結論を述べている	□ 結論だけで、目的などの説明がない	□ 示していない
	成果 研究の成果を示している	□ 成果を明確に示し、アピールできている	□ 成果を示しているが不十分	□ 成果の裏づけが曖昧である	□ 示していない
	限界 研究の限界を述べている	□ 限界を的確に指摘している	□ 限界を示しているが不十分	□ 今後の課題につながらない	□ 示していない
	今後の課題	□ 明確に示している	□ やや具体性に欠く	□ 曖昧である	□ ない

1. ペアを組み、まず、論文または研究レポートの題名と執筆者名を記入してください。
2. 評価者は、論文または研究レポートを読んで、評価項目ごとに、あてはまる評価基準に、☑をつけてください。
3. 評価者は、優れている点、改善を要する点を具体例をあげて文章で記述してください。
4. グループになり、各々の要点を発表しましょう。評価者は相手の優れている点についてコメントしましょう。

評価項目 ／ 評価基準	3	2	1	0
題名 主題、目的、方法などのキーワードで構成された要約となっている	☐ レポート内容の的確な要約となっており、表現も説得力があり、わかりやすい	☐ 内容との整合性はあるが、説明不足のため、表現に工夫が必要	☐ 内容やキーワードとの整合性がない	☐ 示していない
定義 主題に関わる重要な概念を、関連資料を引用して正確に定義している	☐ 資料を引用して定義し、論文での位置づけ、類似概念との違いも明確	☐ 資料を引用し定義しているが、論文での位置づけが、やや不明瞭	☐ 定義を示しているが、引用が不適切、内容も不明瞭	☐ 示していない
パラグラフ 冒頭で1文字空ける。接続表現を用いて連結を図る	☐ 適切な接続表現を用いて、パラグラフ内もパラグラフ間も連結している	☐ パラグラフの形式はできているが、接続表現の使い方が不十分	☐ 冒頭で1文字空けるルールができていない	☐ 示していない
引用の仕方 執筆者名字と出版年または肩番号を明確に示している	☐ 引用の形式を踏み文脈の中で適切な解釈を述べている	☐ 形式はできているが文脈での解釈が適切でない	☐ 形式も解釈も不明瞭	☐ 示していない
引用文献リスト	☐ 正しいルールで、統一されている	☐ ほぼ正しいルール、一部不正確	☐ ルールと異なり不正確	☐ 示していない
正しい文法の文 **わかりやすい文章**	☐ 正しい文法の文で明確な文章でわかりやすい	☐ ほぼ正しいが、主述不一致など一部不明瞭	☐ 意味がわかりづらく、文法の問題がある	☐ ですます体が混在

(形式／表現)

付録4

論文または研究レポートの題名

執筆者名

学年		学部		

評価者名

学年		学部		

優れているところ

改善を要するところ

付録 4-3　実験や調査による仮説検証型レポート・論文の自己点検評価シート

評価項目 / 評価基準		3	2	1	0
問題と目的	テーマの提示	☐ 独創的である	☐ 適切である	☐ 説明が不十分	☐ 示していない
	これまで明らかにされてきたこと（先行研究）を調べ、明示している	☐ 網羅的に調べ研究の到達点を示している	☐ 適切に調べているが資料が若干少ない	☐ 情報検索がネットだけで不十分	☐ 示していない
	これまで明らかにされていないことから「問い」（仮説）を立てる	☐ 具体的で明確な仮説を立てている	☐ 仮説を立てている	☐ 仮説（問い）の形式になっていない	☐ 示していない
	目的の明示　仮説を検証するための目的を明示している	☐ 目的が具体的に示されている	☐ 目的を示している	☐ 説明が不十分、目的が不明瞭	☐ 示していない
方法	実施対象、実施期間、実施方法（手続き、データ収集の方法）、調査項目（実験材料）を明確に示している	☐ 明確に示している。具体的で再現可能な方法である	☐ 項目ごとに適切に示している	☐ 説明が不十分で不明瞭なところがある	☐ 指示通りに示していない
結果	データの収集および処理は正確に行われている	☐ 十分なデータを収集し正確に分析している	☐ 適切に処理しているがややデータが少ない	☐ データの処理が不適切なところがある	☐ データが収集できていない
考察	信頼できる証拠を示し、妥当な考察をしている	☐ 十分な証拠をもとに説得的に考察している	☐ 証拠を示し考察している	☐ 不十分なところがある	☐ 証拠を示していない
	論理の展開が妥当であり、飛躍はない	☐ 明確である	☐ 適切である	☐ 不明瞭なところがある	☐ 飛躍がある
結論（総括的討論、総合的討論）	研究を振り返り、明確にまとめている	☐ 明確である	☐ 適切である	☐ 不明瞭なところがある	☐ 示していない
	自分の研究（論文）の成果を明確に評価している	☐ 先行研究に位置づけ、成果を評価	☐ 成果を示している	☐ 不明瞭なところがある	☐ 示していない
	自分の研究（論文）の限界を明確に評価している	☐ 仮説と照らして限界を示している	☐ 限界を述べている	☐ 不明瞭なところがある	☐ 示していない
	今後の課題を明確に示している	☐ 具体的で、明確である	☐ 課題を述べている	☐ 十分なところがある	☐ 示していない
形式／表現	題名	☐ 説得的で、明確である	☐ 適切である	☐ キーワードと不整合	☐ 示していない
	パラグラフ	☐ つながりが読める	☐ 示している	☐ 不明瞭	☐ 示していない
	引用	☐ 正確である	☐ ほぼ適切	☐ 不明瞭	☐ 示していない
	引用文献リスト	☐ 正確である	☐ ほぼ適切	☐ 不明瞭	☐ 示していない
	正しい文法の文章か	☐ 正確である	☐ ほぼ適切	☐ 不明瞭	☐ 誤りがある

付録 4-4　プレゼンテーションの自己点検評価シート

評価項目 / 評価基準		3	2	1	0
テーマ	テーマの設定	☐ 独創的かつ明確である	☐ 適切である	☐ 説得力に欠ける	☐ 課題に適合していない
題名	インパクトがあり、発表内容との整合性がある	☐ 独創的かつ明確である	☐ 適切である	☐ 説明が不十分	☐ 示していない
構成内容	序論・本論・結論の三部構成になっている	☐ 明確である	☐ ほぼできている	☐ 不十分なところがある	☐ 示していない
話し方	冒頭で、動機「なぜこのテーマか」、概略を簡潔に話す	☐ 明瞭で、わかりやすく説明している	☐ 概略を示している	☐ わかりづらいところがある	☐ 示していない
話し方	原稿は読まない。聴衆を見て、アイコンタクト。スライドはメモ代わり	☐ 聞き手に語り掛けている	☐ ほぼ適切である	☐ ほぼ原稿を読んでいる	☐ 何を言いたいか不明
話し方	聞き取りやすいスピードと発音で、あせらず、ゆっくり、堂々と話す	☐ 明瞭で、聞き取りやすい	☐ ほぼ適切である	☐ わかりづらいところがある	☐ 聞きづらい
話し方	声の大きさとトーンは小さ過ぎず、張り上げず	☐ 明瞭で、聞き取りやすい	☐ ほぼ適切である	☐ わかりづらいところがある	☐ 聞きづらい
時間管理	制限時間内に時間配分を考えて、全体が構成されている	☐ 制限時間、時間配分が的確である	☐ ほぼできている	☐ 時間をやや超過している	☐ 時間を大幅に超過
スライド	1分に1枚程度の分量	☐ 的確である	☐ ほぼできている	☐ 少し多過ぎ、または説明が足りない	☐ 多過ぎ、少な過ぎで、説明が不適切
スライド	シンプルでわかりやすい読める大きさの文字	☐ 的確でわかりやすい	☐ ほぼできている	☐ 一部わかりづらい	☐ わかりづらい
スライド	スライドと内容が一致している	☐ 一致して、タイミングもよい	☐ ほぼできている	☐ 一部わかりづらい	☐ 一致していない
スライド	表や図に、題名、出典が明記されている	☐ 明確である	☐ ほぼできている	☐ 不十分なところがある	☐ 示していない
配布資料	見出し	☐ 論理の流れが読める	☐ 示している	☐ 内容と合っていない	☐ 示していない
配布資料	内容を簡潔にまとめている	☐ 明確である	☐ ほぼできている	☐ 不十分なところがある	☐ 示していない
配布資料	出典を明記している	☐ 明確である	☐ ほぼできている	☐ 不十分なところがある	☐ 示していない
配布資料	スライドでわからない詳細な資料を添付している	☐ 明確である	☐ ほぼできている	☐ 不十分なところがある	☐ 示していない

付録 5

参考となる文献の紹介

　レポート・論文を執筆するうえで参考となる指南書を紹介します。また、以下の書籍は、本書を執筆するにあたり、参考とした図書でもあります（五十音順）。

伊丹敬之（2001）『創造的論文の書き方』有斐閣.

　レポートは書いたことはあるけれど、論文は書いた経験がないという人にとっては、抽象度が高くわかりにくいかもしれません。卒業論文を書いた経験があって、修士論文を書こうとしている人にはお勧めです。

市古みどり編著・上岡真紀子・保坂陸著（2014）『資料検索入門──レポート・論文を書くために』慶應義塾大学出版会.

　的確に情報を入手するための極意をわかりやすく解説しています。情報リテラシー教育を担当している教員や大学図書館員に指針を示してくれる参考書でもあります。

小笠原喜康（2018）『最新版　大学生のためのレポート・論文術』講談社現代新書.

　レポート・論文の書き方の基本がコンパクトにまとめられています。データベースを使った文献の検索法が丁寧に解説されています。

木下是雄（1981）『理科系の作文技術』中公新書.

　科学的なレポート・論文はいかにあるべきかということから、正しい文の書き方まで大学での学習や研究の基本となることを明瞭かつ明晰に説明しています。特に、事実と意見の区別について詳述しています。

木下是雄（1994）『レポートの組み立て方』ちくま学芸文庫.

　　主題文を書いてから、アウトラインを作成することを提案しています。考えるプロセスを支援し、レポートを組み立てていくことを説いた優れた指導書です。

河野哲也（2018）『レポート・論文の書き方入門』（第4版）慶應義塾大学出版会.

　　本書の特徴は、テキスト批評の仕方を解説していることです。特に、人文科学系のレポート・論文を書く人に適しています。

佐藤望・湯川武・横山千晶・近藤明彦（2020）『アカデミック・スキルズ──大学生のための知的技法入門』（第3版）慶應義塾大学出版会.

　　ノートを取ることから研究成果のアウトプットまでを解説した書。付録が充実しており、レポート・論文を執筆する際の各種記号の使用法についても丁寧に説いています。

澤田彰夫（1977）『論文の書き方』講談社学術文庫.

　　論理的な書き方、考え方、読み方を学ぶことができます。

白井利明・高橋一郎（2013）『よくわかる卒論の書き方』（第2版）ミネルヴァ書房.

　　卒業論文を書くために必要なことが体系的に理解できます。論文の書き方だけでなく、研究の進め方がよくわかります。

東京大学大学院教育学研究科学務委員会（2023）『信頼される論文を書くために』.

　　https://www.p.u-tokyo.ac.jp/wp-content/uploads/2023/10/manual_march2023.pdf

　　勉強と研究の違い。論文とレポートの違い。剽窃は盗用であり、研究倫理に反する行為であるなど、やってはいけないことを明示しています。

東京大学大学院人文社会系研究科・文学部（2020）『言葉を大切にしよう──論文・レポート作成の心得［改訂増補版］』.

https://www.l.u-tokyo.ac.jp/assets/files/student/kotobaotaisetuni.pdf

　自分の言葉と他者の言葉を峻別し、他者の言葉に敬意を払うという、引用のルールを説いています。また、誠実でない研究を5つに分類し、謙虚に先人や同僚の業績に向き合うことの大切さなど、レポートや論文を書くうえでの心得を述べています。

戸田山和久（2022）『最新版　論文の教室──レポートから卒論まで』日本放送出版協会.

　よい論証からダメ論証まで、論証のテクニックについて詳しく解説しています。語り口はくだけていますが、内容は高度です。

二通信子・大島弥生・佐藤勢紀子・因京子・山本富美子（2009）『留学生と日本人学生のためのレポート・論文表現ハンドブック』東京大学出版会.

　レポート・論文で使用する表現を整理し、詳しく解説しています。辞書のように使うことができます。漢字にルビがふってあり、特に留学生にお勧めです。

野矢茂樹（2006）『新版　論理トレーニング』産業図書.

　「議論を作るには、批判へのまなざしがなければならない。論文では自分の言いたいことが何でないのかを明確にする。論理力とは考えをきちんと伝える力である」。

　野矢氏の主張は、筆者のライティング教育実践を裏づけるものでもあります。

M.J. Adler, C.V. Doren (1967) *How to Read A Book*, NY: Simon & Schuster, Inc.／外山滋比古・槇未知子訳（1997）『本を読む本』講談社学術文庫.

　読むに値する本とは何か。読書の意味とは何かを考えたい人にも、読書の技術を身につけたい人にも良い手引きとなります。わかりにくい訳語（たとえば、シントピカル読書など）があれば、原著を読むことをお勧めします。

付録 **6**

図表一覧

図1　書くことと考えることのサイクル　　13
図2　よりよく書くためのメタ認知　　14
図3　レポート作成のプロセス　　41
図4　思考マップ　　48
図5　資料の種別とデータベースの選択　　50
図6　論証型レポートのアウトラインの例　　63
図7　レポートの表紙　　66
図8　ページ設定の例　　67
図9　レポートの構成　　67
図10　論理の流れは砂時計　　67
図11　論文作成のプロセス　　80
図12　論理の流れは砂時計（再掲）　　94
図13　パラグラフの構造と連結　　114
図14　プレゼンテーションの準備の流れ　　129
図15　スライドの例　　130
図16　レジュメ（配布資料）の作成例　　132

表1　作文・レポート・論文の違い　　9
表2　レポートの4つの型　　40
表3　レポート作成の5ステップ　　43
表4　思考を整理する方法　　46
表5　データベースの使用目的と評価ポイント　　51
表6　情報収集の3つの手順とデータベース　　53
表7　論点を定めるための6つの条件　　59
表8　論文作成の5ステップ　　79
表9　レポート・論文で使う副詞的表現と形容詞的表現　　122
表10　レポート・論文で使う接続表現と文末表現　　123
表11　数量や変化の説明に使われる表現　　124

索引

あ

アウトライン　5, 6, 41, 43, 58, 62, 63, 64, 65, 79, 80, 85, 89, 90, 92, 129
イメージをつかむ　4, 6, 42
芋づる式の収集　5, 55, 79, 83
引用　4, 6, 31-37, 44, 51, 55, 56, 65, 68, 70, 92, 93, 104-106, 135
　　間接——　33-35, 68, 105, 120 ,134, 147
　　直接——　104
　　長い——　34-35, 104-106
ウィキペディア　24, 49, 51, 57
演繹法　71
往復運動　5, 12, 56, 64, 79, 80

か

仮説　26, 31, 36, 77, 78, 80, 82, 83, 86, 92, 139, 148
型を見極める　4, 6, 40
帰納法　71
グローバル人材　13
結論のフォーマット　95
研究の意義　28, 77, 80, 93-96, 98
研究の限界　28, 95
研究倫理　6, 98, 150
構成要素
　　決定版の主題文　61, 63
　　結論（おわりに）　28, 95
　　最初の主題文　60
コピペ　8, 16, 32, 58, 64

さ

索引　4, 25, 28, 51
サポート・センテンス　113
思考マップ　46, 48
思考を鍛える　13, 81

た（右列）

自己点検評価シート　4-6, 41, 43, 70, 79, 86, 97, 153
事実と意見の区別　118
下調べ　5, 53, 54, 79, 84
実証研究　42, 80, 147
質的研究　77, 80
執筆要領　33, 91, 146
修士論文　12, 37, 74, 75, 77, 98, 127
主題文　5, 43, 58, 79, 80, 85
出典　32, 51, 54, 65, 107, 130, 142
　　図版の——　110
推理　31
先行研究　9, 36, 80, 86, 92, 139, 147
総括的批判　31
ソーシャルメディア　50
卒業論文　12, 37, 74, 75, 98, 127

た

体系的で信憑性のある情報　50-52, 83-84
第三者的思考　29, 43, 79
題名　5, 23, 25, 43, 52, 64, 87, 100, 111, 134, 142, 147, 149
知識の再構造化　16, 36
注　107, 111, 146
定義　101, 144
データベース　5, 43, 49-51, 54, 84-85
　　CiNii Research　50, 51, 53, 55, 65, 85
　　Google Scholar　50, 51, 53, 55
　　J-STAGE　51, 53, 55, 85
　　OPAC　5, 43, 50, 51, 53, 55
　　朝日新聞クロスサーチ　50, 53, 54
　　日経テレコン　54
　　毎索　50, 53, 54
　　ヨミダス　50, 53, 54
問いを立てる　5-6, 9, 17, 27, 43, 49,

68, 75, 79-80, 82, 92, 135
投稿規定　91
トピック・センテンス　97, 113, 116,
　140-141

は
博士論文　12, 74, 77
はじめに（序論）
　――の構成要素　86
　――のフォーマット　87
パラグラフ　26, 93, 97, 113, 116, 141
パワーポイント　126, 130
判断基準　20-21, 51
反駁　29
批判的検討　18, 27, 34, 57, 63, 67, 78,
　80, 86, 92, 139
評価ポイント　51
表紙　42, 64, 66
剽窃　32, 36
フォーマット　4, 42-43, 59-61, 79
　基本――　34, 68
俯瞰する力　34
プレゼンテーション　126
文献研究　42, 77, 80, 138
文献検索　5, 43, 53-54, 79, 84
文献入手　5, 43, 53, 55, 79, 85
引用文献リスト　55, 65, 69, 104, 108,
　112, 137, 146
ページ設定　42, 64, 67

ま
孫引き　106
見切り　11, 56
見通し　11, 56
見本レポート・論文　4-6, 26, 42, 134,
　138, 147
命題　30
メタ認知　14

や
よいテーマ　81
読む力　22, 24, 57
　概略的読み　24, 25
　構造的読み　24, 26
　批判的読み　24, 29

ら
流動的で速報性のある情報　43, 49, 50,
　52, 84
量的研究　35, 77, 80
ルーブリック　5, 70, 153, 155
レジュメ　131, 132
レポートの型　40, 71
　実証型　40, 41, 72
　説明型　40, 41, 71
　報告型　40, 41, 71
　論証型　40, 41, 72
論証型レポート　40, 43, 61-63, 67, 72,
　134
論点　5, 41, 43-44, 56, 59, 68, 134, 154
論文の型　34, 36, 76, 79
　仮説検証型　36, 77, 78, 80, 88, 90,
　　93, 96, 147, 148, 162
　仮説生成型　36
　仮説探索型　36
　仮説論証型　36, 77, 78, 80, 89, 91,
　　93, 97, 138, 160
論理　22, 44, 83
　――の階層構造　27, 77, 93
　――の流れ　67, 93, 115

わ
わかりやすい文章　120
　数量や変化の表現　124
　接続表現と文末表現　123
　副詞的表現と形容詞的表現　122

あとがき

　本書初版の刊行から6年が経った。これまで多くの学生や教職員の方々に読んでいただいた。「コンパクトなのに必要なことが網羅されている」「難しいことをわかりやすく説いている」など、好評を得た。

　書き出す前に見本レポート・論文と自己点検評価シート（ルーブリック）を見て要点をつかみ、定型表現を用いたフォーマットに穴埋めするように書く。基本を学び、考えては書き直す。論文を読み、多様な考え方や表現を学ぶ。それを繰り返すと自分の言葉で考えて書けるようになる。

　本物の「考える力」「書く力」を身につけてほしい。書き方の知識やスキルの指南だけでなく、思考を鍛えることをめざしたい。書ける！という体験をし、自信をつけてほしい。本書には、そうした願いを込めた。

〈第3版で改訂したことは主に次の4点である〉

1. 索引を付け、わからないことがあれば〈辞書〉として使えるようにした。初年次のテキストだけでなく、大学4年間を通して、大学院、仕事の場でも使えるよう工夫した。

2. 「読む力を鍛える3ステップ」を加筆した。論理的・批判的に考えて読む力はレポート・論文を書く礎となるだけでなく、判断力を高め、表現力を豊かにする。段階を踏んで学べる。［第2章4節］

3. 誰でも引用が的確にできるように「なぜ引用する必要があるのか」「コピペはなぜダメなのか」「どこをどう引用すればいいのか」を引用の形式だけでなく、納得してできるようにした。［第2章5節］

4. 課題内容やテーマに応じて的確な資料を選別できるよう、データベースの特徴と用法を表にまとめ、情報の質を判断・評価し、調べることができるようにした。［第3章3節ステップ2、第4章4節ステップ2］

　いまの学生は、ネットで調べて、コピペして、それなりの体裁のレ

ポートを作ってくる。ネット上の情報は、誰が書いたか、それを別の誰がいつ書き替えたか、信頼できる情報か、わからないことも多い。デジタルな世界で育ってきた若者に「ネットの情報だけでなく、なぜ文献を調べ、引用を示す必要があるのか」学問のルールを彼らが納得いくように説明したい。コピペするだけでは書けない課題を課し、徹底して調べる力や読み解く力を鍛え、自分で考え、自分の言葉で書いてほしいと思った。

　だが、大学に入学してきたばかりの学生に一般的なレポートの書き方を教えても、すぐさま、どの授業にも適用して書けるようにはならない。ましてや、いきなり、専門的な内容について自分の意見を述べることを要求することはさらに難しい。そこで、レポートの題材を、携帯電話やスマートフォンにした。理由は2つある。

　1つは、身近な話題であれば、自分の問題意識や経験をもとに、しっかりと考え抜き、自分の言葉で説得力を持って語れると思ったからだ。

　2つめは、メディアリテラシーの育成にある。未来を担う若者には、情報を評価、判断し、モラルを守り、世界に向けて情報を発信する力をつけてほしい。携帯・スマホ・SNSを巡る問題について、議論し書くことを通して現実を深く分析する力をつけてほしい。まずは日本語で思考を鍛えることが真のグローバル人材育成につながるのではないか。

　付録の見本レポート・論文には、初年次教育やキャリア教育に関する話題を取り入れた。理由は、大学の授業のあり方や社会の仕組みにある。

　何となく大学に入学し、何をしていきたいのか、どうありたいかを考える間もなく、エントリーシートの型を教え込まれる。大学生活の過ごし方や将来のキャリアについて自分と向き合い、じっくり考えてほしい。

　学生たちはスマホを使い、授業のパワーポイントを「先生、待って！」と言って写真に収めている。ノートを取る必要もない。知識の伝授に終始している授業は、学生にとって魅力のない、意味のない、暇つぶしの時間でしかなくなる。知識の伝授だけなら、ネットで配信すれば、わざわざ同じ時間に教室に集まってくる必要もない。いつでも、どこで

も、何回でも視ることができる。これからの大学は魅力的で説得力のある授業をいかにして提供すべきか問われている。

　これまで、社会人大学院生にも教えてきた。京都大学大学院教育学研究科、桜美林大学大学院大学アドミニストレーション研究科、慶應義塾大学大学院健康マネジメント研究科など、多様な学生たちに教える機会に恵まれた。たとえば、医療・看護・介護福祉の分野では、記録を正確に書くことが求められる。「情報（事実）と判断（意見）を峻別して書く力」がケアの質を高めていくことにもつながる。
　「論文を書いた経験を実務に活かすことができる。自分にとって意味があるように書く」そうした指導のあり方について研究し実践してきた。
　ゼミ論、卒業論文、修士論文を書いた経験がその後の人生においても意味があるように考え抜いて書く。自分の考えを自分の言葉で書くことを支援することは大学教育の究極的な使命ではないかと思っている。

　第2版の出版では慶應義塾大学出版会の喜多村直之氏に、第3版では奥田詠二氏に、丁寧に粘り強く取り組んでいただき大変お世話になった。心からお礼を申し上げたい。
　また、本書の出版の意義を理解し支えてくれた亡き夫に感謝したい。私たち夫婦を知る方々に心より感謝申し上げるとともに、いまは二人の息子たちと新しい家族が私をしっかり支えてくれていると伝えたい。

2019 年 1 月

著者

＊本書第3版は文部科学省科学研究費補助金基盤研究（C）「高大接続に資する思考力・判断力・表現力育成のための教材開発に向けた国際連携研究」（18K02713 研究代表者：井下千以子）と、大学教育学会課題研究「学生の思考を鍛えるライティング教育の課題と展望」（研究代表者：井下千以子）の成果の一部である。

井下 千以子（いのした ちいこ）

桜美林大学心理・教育学系教授

日本女子大学大学院人間発達学専攻修了。学術博士。慶應義塾大学大学院健康マネジメント研究科非常勤講師、京都大学大学院教育学研究科非常勤講師などを経て現職。専門は、教育心理学、生涯発達心理学、大学教育研究。2005年大学教育学会奨励賞受賞。
主な業績：『思考を鍛えるライティング教育——書く・読む・対話する・探究する力を育む』（編著、慶應義塾大学出版会、2022）、『思考を鍛える大学の学び入門——論理的な考え方・書き方からキャリアデザインまで』（慶應義塾大学出版会、2017）、『大学における書く力考える力——認知心理学の知見をもとに』（東信堂、2008）、『進化する初年次教育』（共著、世界思想社、2018）、『大学における「学びの転換」と学士課程教育の将来』（共著、東北大学出版会、2010）、『思考を育てる看護記録教育——グループインタビューの分析をもとに』（共著、日本看護協会出版会、2004）、『高等教育における文章表現教育に関する研究——大学教養教育と看護基礎教育に向けて』（風間書房、2002）ほか。

思考を鍛えるレポート・論文作成法［第3版］

2013年2月28日　初　版第1刷発行
2014年3月10日　第2版第1刷発行
2019年2月15日　第3版第1刷発行
2025年1月31日　第3版第5刷発行

著　者————井下千以子
発行者————大野友寛
発行所————慶應義塾大学出版会株式会社
　　　　　　〒108-8346　東京都港区三田2-19-30
　　　　　　TEL〔編集部〕03-3451-0931
　　　　　　　　〔営業部〕03-3451-3584〈ご注文〉
　　　　　　　　〃　　　　03-3451-6926
　　　　　　FAX〔営業部〕03-3451-3122
　　　　　　振替　00190-8-155497
　　　　　　https://www.keio-up.co.jp/
装　丁————土屋　光
本文イラスト——わたなべふみ
組　版————株式会社ステラ
印刷・製本———萩原印刷株式会社
カバー印刷———株式会社太平印刷社

© 2019　Chiiko Inoshita
Printed in Japan　ISBN 978-4-7664-2577-2

慶應義塾大学出版会

思考を鍛えるライティング教育
書く・読む・対話する・探究する力を育む

井下千以子 編著

「書くという学習経験を通して、考えるプロセスを支援する」ライティング教育についての最新の知見を集成。様々な観点からの実践報告と分析から、「書く力」を育むための方策を提示する。

A5判／並製／298頁
ISBN 978-4-7664-2830-8
定価 2,750円（本体 2,500円）
2022年6月刊行

◆**主要目次**◆

序　章　思考を鍛えるライティング教育とは

第Ⅰ部　「考える・書く・読む・対話する力」を鍛えるライティング教育
第1章　初年次必修文章表現科目の成果と課題
第2章　書くために必要な読解力を鍛える
第3章　論理的に書く力を育成する思考ツール
第4章　リーディング学習と接続するライティング教育
第5章　フィンランドの読む習慣と考えて書く力

第Ⅱ部　高大接続～大社接続に資するライティング教育
第6章　中等教育における探究学習はいかに大学での学習に接続したか
第7章　探究学習へと誘う大学でのライティング教育
第8章　レポート課題を分類する
第9章　高校・大学・仕事におけるレポートライティング経験の職場における経験学習に対する連鎖構造

第Ⅲ部　正課と正課外教育をつなぐライティングセンター
第10章　文章力向上を多面的に支える創価大学ライティングセンター
第11章　継続的な利用が自ら書く力を育てる青山学院大学ライティングセンター
第12章　レポート課題を分類する
第13章　指導と研究を行う早稲田大学ライティング・センター

第Ⅳ部　思考を鍛えるライティング教育の未来
第14章　「学術日本語」は分野を横断するか
第15章　21世紀型能力とライティング教育の未来